En Busca de la Verdadera Libertad

Siete pasos para descubrir la mejor forma de vivir

Víctor Manuel Rivera

Derechos Reservados © 2010 por Víctor Manuel Rivera

En Busca de la Verdadera Libertad: Siete pasos para descubrir la mejor forma de vivir
Por Víctor Manuel Rivera

Todos los derechos reservados.

ISBN 9781609575991

A menos que se indique lo contrario, todas las citas bíblicas fueron tomadas de la Versión Reina-Valera, revisión de 1960. © 1960 Sociedades Bíblicas Unidas

www.xulonpress.com

A mi amada esposa Suyapa Karime, por su motivación y apoyo para que completara esta obra, y por ser mi complemento perfecto, mejor amiga y compañera. Nuestros hijos han sido una gran bendición de Dios y son herramientas para ayudarme a crecer y desarrollar mi caminar con Dios.

A mi pastor, Roberto Tejada, por ser como un padre para mí, como también un gran consejero, amigo, mentor y el mejor líder que he tenido. Admiro su pasión y amor por Dios, su familia y sus ovejas. Su familia es un ejemplo para mí y para todos los que les conocen. El carácter de Cristo es definitivamente reflejado en sus vidas.

Contenido

Introducción ix
Capítulo 1: La Libertad que Buscamos 11
Capítulo 2: En busca de mi propia libertad 17
Capítulo 3: Mi libertad la obtengo en el perdón 33
Capítulo 4: Mi libertad no depende de otros 45
Capítulo 5: Mi Libertad no está en las Posesiones 53
Capítulo 6: Mi libertad no está en las circunstancias 61
Capítulo 7: Mi libertad la encuentro aceptando a
Dios como Señor 75
Capítulo 8: Mi libertad la encuentro en el carácter 94
Capítulo 9: Mi libertad la encuentro en el Servicio 107
Capítulo 10: Solo la verdad nos hará libres 118

Introducción

Y conoceréis la verdad, y la verdad os hará libres.
—JUAN 8:32

La Palabra de Dios es extensa y nos ofrece sabiduría y guía para todo lo que necesitamos aprender en la vida. A pesar que había crecido conociendo sobre la existencia de Dios y asistía a los servicios dominicales, no entendía el gran deseo que tenía Dios que le conociera íntimamente y comprendiera Su voluntad para mi vida. Cuando decidí tomar el paso de fe y caminar con Él, me di cuenta lo mucho que necesitaba conocerle. Además había entendido que mis experiencias y viajes alrededor del mundo y los estudios universitarios no me ayudarían a tener éxito en mi vida y encontrar la verdadera libertad que tanto buscaba.

Durante mis primeros quince años de cristiano, descubrí varias áreas claves en mi vida que he necesitado moldear. Enfocarme en estas áreas me han ayudado a tener una transformación continua. Esta transformación fue el impulso para desarrollar el carácter de Cristo en mi vida y aumentar mi sensibilidad al llamado del Espíritu Santo y la obra de Jesús. Mi deseo es de desarrollar cristianos saludables y discípulos dispuestos a dejar la huella de Cristo en la vida de otras personas.

En este libro expongo siete pasos esenciales que le ayudará a descubrir y transformar sus áreas de necesidad. Si usted no conoce de Cristo y quiere disfrutar de libertad como nunca antes, este libro es el lugar para comenzar. Si es un nuevo creyente, este libro le ayudará a transformar las áreas en su vida que le limita obtener las bendiciones de Dios. Si ya lleva tiempo en conocer de la Palabra, Dios le puede revelar más áreas en su vida que necesitan sanidad y transformación. Aunque ya haya obtenido victoria en alguna de estas áreas, es importante orar y meditar en cada paso con un corazón enseñable y deseoso de seguir subiendo a los otros niveles que Dios tiene disponibles para usted. No importa en dónde esté en su caminar con Dios, pídale al Señor que le muestre las áreas en necesidad de sanidad y libertad, así como lo hizo el rey David (Salmos 139:23-24).

Mi propósito en este libro no es de describir en detalle todas las áreas que Dios quiere desarrollar en nosotros sino proveer una guía. Se dará cuenta que he incluido muchas referencias bíblicas en cada capítulo. Le recomiendo que repase, estudie y reflexione detenidamente cada referencia. Le aseguro que Dios tocará su corazón y transformará su vida, así como lo hizo con la mía. Cada capítulo tiene preguntas sencillas para meditar. Estas le ayudarán a desarrollar otras preguntas, despertar el deseo de sanar su corazón y formular metas que le guiarán a través de su caminar con Dios.

¡Declaro una bendición sobrenatural en su vida y un gran despertar de la presencia del Espíritu Santo para transformar su vida, familia, vecindario, trabajo, ministerio y todo lugar que pise la planta de sus pies!

Capítulo 1
La Libertad que Buscamos

La libertad tiene vida en los corazones, las acciones, el espíritu de los hombres y por lo tanto debe ser ganada y refrescada – de otro modo así como la flor que es cortada de las raíces que le da vida, se marchitará y morirá.
—Dwight D. Eisenhower

Cómo el ser humano define libertad

Uno de los más grandes deseos del ser humano es ser libre. Desde los tiempos antiguos, hemos aprendido sobre personas como Moisés, quien regresó a Egipto para liberar al pueblo judío de la esclavitud. En tiempos más recientes, estamos familiarizados con personas como Mahatma Gandhi, Martin Luther King, Jr., y Nelson Mandela, todos campeones de la libertad. Cantantes, poetas y autores han compuesto temas y han expresado sus puntos de vista sobre la libertad.

El *diccionario VOX de la lengua española* define la palabra *libertad* como "ausencia de necesidad o carencia de determinación en el obrar." Esto lo hace el ser humano de acuerdo a su inteligencia o antojo. Ciudadanos de naciones con un buen gobierno democrático usualmente disfrutan la libertad siempre y cuando no se opongan a las leyes.

Hay dos libertades – la falsa, donde el hombre es libre de hacer lo que quiere; la verdadera, donde él es libre de hacer lo que debiera.

—CHARLES KINGSLEY

Queremos la libertad de vivir de acuerdo a nuestros principios morales y creencias personales. También queremos tener la oportunidad de alcanzar nuestras metas y amar y ser amado. Queremos ser autosuficientes e independientes con la autoridad de regir nuestras propias vidas. Sentimos libertad cuando nos sentimos cómodos con un futuro asegurado y financieramente capaz de suplir nuestras necesidades. Sin embargo, cuando no podemos tomar acción para asegurar nuestros deseos, a menudo sentimos que nuestros derechos y libertad han sido violados o que el gobierno o sociedad no ha sido justo.

LA LIBERTAD POR LA INDEPENDENCIA FAMILIAR

La mayoría de los adolescentes, limitados por las reglas impuestas por sus padres, ansían libertad. Para ellos, la libertad es como una adicción: mientras más tienen más quieren. La presión de los amigos añade a sus deseos de tomar decisiones que incrementan su sentido de libertad.

Cuando los padres comienzan a permitir ciertas libertades, muchos adolescentes tratan de asegurar más libertad de la que se le ofreció. Por ejemplo, puede que compartan medias verdades con el intento de participar en actividades que sus padres normalmente no aprobarían. Cuando son descubiertos rompiendo las reglas, confrontados y disciplinados, una gran desesperación llena sus corazones. Habiendo experimentado su libertad deseada, no la quieren soltar. La rebeldía y el deseo de ser independientes les llevan a confrontar a sus padres.

Muchos de ellos explosionan en enojo, diciendo cosas como, "¡Tan pronto tenga dieciocho años me voy de esta casa! ¡Estoy harto que me digan lo que tengo que hacer! ¡Quiero ser libre para hacer lo que me dé la gana!" Otros le dan la espalda a sus familias y se unen a pandillas. Hay otros que se refugian en las drogas las cuales pudieran encaminarlos a embarazos y hasta la muerte. Lo que estos jóvenes no saben es que al unirse a una pandilla se convierten en esclavos de personas que no valoran sus vidas ni proveen el amor que solo un padre o un ser querido puede ofrecer. Terminan bajo una autoridad y castigo mucho más severo que al que estaban sujetos en el hogar.

La ingenuidad, junto con nuestras mentes limitadas, nos lleva a no apreciar lo que tenemos. Muchas muchachas adolescentes, por ejemplo, tratando de escapar esa presión percibida que enfrentan en el hogar, deciden irse de la casa con sus novios. Esa fue la historia de mi mamá.

Mi abuela materna era viuda y mi mamá era la hija mayor. Era una niña mal nutrida de unos cinco pies de altura y menos de cien libras mojadas. A la edad de ocho años tuvo que dejar la escuela para poder ayudar con los quehaceres de la casa. Era un arduo trabajo. Tenía que caminar millas para buscar cubetas de agua de un pozo para poder hacer las tareas encomendadas. Tuvo que aprender a cocinar y tomar el papel de ama de casa a tan temprana edad.

Mi madre quería casarse para poder salir de esas condiciones infernales. De pronto, a la edad de dieciséis años, su príncipe azul llegó a caballo. Se enamoraron y se casaron y un año después tuvieron la primera niña. Sin embargo pronto se dio cuenta que su intento de encontrar libertad no había trabajado. Tuvo otro niño y luego otro, y mi mamá terminó con once embarazos de los cuales diez sobrevivieron.

La percepción de libertad de mi mamá la llevó a tomar una decisión errónea con grandes consecuencias. ¡Pero le doy gracias a Dios por esa decisión porque soy el menor de esos diez!

LA LIBERTAD DE RELIGIÓN

Cuando los fundadores de esta nación buscaban la libertad, estaban buscando por la oportunidad de no solamente convertirse en una república, sino también tener libertad de religión. La intención original de los padres fundadores era de evitar que la nación cometiera el mismo error que Inglaterra había cometido. Hombres como Thomas Jefferson querían asegurarse de que ninguna denominación cristiana fuera establecida como la denominación oficial de la nación. Los fundadores querían que todos tuvieran la libertad de escoger la denominación cristiana que ellos querían ser parte—no uno que el gobierno impusiera en ellos.

La libertad de religión daba la potestad a ministros de ejercer en el gobierno, distribuir proclamaciones de oración, dar sus opiniones desde el púlpito sobre injusticias de parte del gobierno, educar a los estudiantes y ayudar a establecer una constitución basada en principios bíblicos. Por supuesto, desde esos primeros días, la definición de la separación de la iglesia y el estado ha sido grandemente adulterada y sacada de contexto, causando una cadena de problemas legales. Creo que los padres fundadores estarían muy avergonzados de nosotros por haber llegado a tal posición.

LA LIBERTAD DE LA ESCLAVITUD

Los que niegan la libertad a otros no merecen ser libres.
—ABRAHAM LINCOLN

A pesar de que la mayoría de nosotros estaríamos de acuerdo con esa declaración, la esclavitud, desafortunadamente, ha existido por miles de años. Muchas personas han sido esclavizadas al convertirse en prisioneros de guerra, y en los registros bíblicos, encontramos que algunos fueron esclavizados por no haber podido devolver lo hurtado (Éxodo 22:3). La guerra civil en los Estados Unidos fue necesaria para eliminar muchos años de esclavitud. Los estados del norte dieron libertad a los esclavos y escogieron a Abraham Lincoln como presidente, un hombre que estaba en contra de la esclavitud. Los estados del sur estaban a favor de la esclavitud y el conflicto precipitó a la nación a entrar en una guerra sangrienta.

A pesar de que la mayoría de la esclavitud ha sido abolida en la mayoría de los lugares, todavía hay países en donde mujeres son abusadas y niños son explotados para trabajar y para unirse a las milicias. Además, algunas personas dejan sus países buscando libertad, pero cuando llegan a la nueva tierra, son sometidos a arduos trabajos para poder pagar por su entrada.

La libertad e independencia son programadas en el ser de la humanidad. Siempre hemos luchado para asegurar la libertad. Muchos prefieren morir a tener que pasar el resto de sus vidas en prisión sin poder disfrutar de libertad. A través de los años, numerosas organizaciones se han formado para proteger los derechos civiles y mantener la igualdad. La batalla por estos derechos continúa alrededor del mundo.

Tristemente, la base moral de hoy está fundada en la evolución. La lucha por la libertad y el derecho de igualdad se ha expandido para proteger derechos humanos equívocos. Ya nada es absoluto sino que evoluciona. Este tipo de pensar abre puertas para el nacimiento de muchas leyes que distorsionan las bases fundamentales de la constitución de nuestra nación.

PREGUNTAS PARA MEDITAR

1. ¿Cuál es tu definición de libertad?
2. ¿Qué harías para traer libertad a tu familia?
3. ¿Qué harías para traer libertad a tu nación?
4. ¿Qué estrategias utilizarías para traer igualdad a las personas que te rodean?

Capítulo 2
En busca de mi propia libertad

Mis Primeros Años

Nací en Lajas, Puerto Rico, un pequeño pueblo en la costa suroeste de la Isla caribeña. Seco y caliente, Lajas presenta retos para cada persona con el deseo de desarrollarse y crecer. La mayoría de las corporaciones se encuentran a una larga distancia, y el tamaño de la población crea mucha competencia para la oportunidad de empleo.

Tan pronto cumplí dieciséis años obtuve mi licencia de conducir. Sentía que las puertas de la jaula se abrían y mi tiempo de comenzar a volar llegaba. Queriendo tener la oportunidad de comprar ropa y un auto, comencé a trabajar tiempo parcial en el único supermercado de mi pueblo. En solo tres meses logré mi meta de ser dueño de un auto. Mi cuñado Fernando fue bondadoso y me vendió su auto por solo quinientos dólares. A los dieciséis años ya me sentía todo un éxito al poder lograr parte de mis sueños.

Ahora solo necesitaba cumplir los dieciocho años para sentirme todo un adulto con la libertad de poder disfrutar de las actividades que solo los adultos podían hacer. Aunque los veintiuno era mucho mejor, yo pensaba, ya que en Puerto

Rico era la edad mínima para poder comprarse un auto en una compañía de autos. A esa edad, también podría ser tratado en un hospital sin depender de otra persona. Pero eso no me causaba problema ya que no estaba listo para ninguna de esas dos actividades. Lo emocionante era que ya pronto terminaría la escuela secundaria y estaría dando otro paso adelante hacia la libertad que tanto esperaba. A los dieciocho años tenía novia y sentía que estaba completando todas las características de una persona realizada.

Durante mi último año en la escuela superior fui elegido por los maestros como el estudiante Símbolo de la Paz. La facultad hacía esta elección todos los años de acuerdo al carácter y conducta del estudiante. En realidad yo no quería aceptar el premio y platiqué con la consejera, pero al final lo acepté humildemente.

La ceremonia del Día de la Paz se efectuó en la escuela. Como parte de la ceremonia, yo tenía que soltar dos palomas blancas al aire. Al soltarlas, no solamente vi la paz simbolizada en las palomas, sino también la libertad que estaba proveyéndoles a ellas. *¡Algún día yo también podré volar como ellas!* Pensé mientras las aves tomaban vuelo.

En mi capacidad como estudiante Símbolo de la Paz, también tuve la oportunidad de presentar un mensaje al Club Altrusa Internacional. A continuación es el mensaje que compartí el 1 de noviembre de 1983, a la edad de diecisiete años:

    Muy buenas noches a todos. Es para mí un gran honor el poder estar reunido con todos ustedes celebrando un día tan hermoso y memorable: el Día de la Paz. Fecha que nos recuerda la unidad y ayuda mutua con el prójimo. Momento en que debemos reflexionar y tratar de solucionar los problemas de discordia que surgen en las naciones. Debemos empezar con nosotros mismos, porque de cada individuo es que surgen las enemistades, la guerra.

Habiendo paz absoluta en este mundo, lo hay todo, ya que al haber paz hay amor, compañerismo, comprensión, y todas las cualidades positivas que se necesitan, y por supuesto al frente de todo esto, va a estar la mano de Nuestro Señor. Yo siento paz cuando veo a dos o más personas compartiendo positivamente, cuando ayudo a alguien a resolver un problema, al tratar de evitar que dos personas peleen y se rechacen, cuando hay una gran unidad entre compañeros, al ver una persona deseosa de llenarse de la gracia de Dios.

Yo puedo promover la paz en la escuela tratando de que haya más unidad entre los estudiantes y maestros, dando primeramente el ejemplo. Envolviéndolos en orientaciones o actividades de sana confraternización a cargo de una persona bien capacitada. Tratar de evitar que haya discordia entre los estudiantes. Ayudarlos en los problemas siempre que esté a mi alcance.

Nunca se debe juzgar a las personas por las apariencias o por lo que uno sienta, sino hay que conocer su forma de pensar, sus sentimientos, su manera espiritual. Hay que saberlas entender desde el punto de vista positivo. Si tienen algún problema, ayúdalos. Si te ofenden, no le correspondas igual; te haces más daño del que piensas. Sin embargo, si le correspondes respetuosamente, con amistad, lograrás que reflexione y se arrepienta de haberlo hecho. Con estas y muchas otras cosas más lograremos que no solo nuestra escuela, sino también nuestro país y hasta el mundo entero mejore y reine la paz entre los semejantes, entre todo ser humano.

Muchas gracias.

Siendo el menor de seis hermanas y cuatro hermanos, mi deseo era de superarme y llegar a lugares en donde mi familia y amigos no habían tenido la oportunidad de llegar. Quería que mi familia estuviera orgullosa de mí. Sentía que para mis padres yo era su última esperanza de completar una carrera y alcanzar grandes logros. Como resultado, durante mis años escolares, siempre tuve altas calificaciones. Me gradué de escuela superior con alto honor y recibí la Beca Gobernador de la Oficina de la Juventud por excelente aprovechamiento académico. Durante este tiempo, también me di cuenta que tenía talento para escribir poesía y recibí el primer premio a nivel escolar por el centenario de mi pueblo de Lajas.

La Universidad

Siendo de una familia pobre, califiqué para obtener una beca completa del gobierno para estudiar ingeniería en la universidad de Puerto Rico en el recinto de la ciudad de Mayagüez. Con esta asistencia, la posibilidad de completar mis sueños era prometedora.

Me acuerdo el primer día de clases. El decano de la universidad se dirigió a todos los nuevos estudiantes de ingeniería. Dijo que nosotros éramos la crema de la Isla. Éramos los estudiantes con mejores calificaciones y habíamos sido aceptados por nuestro excelente historial educativo. Comencé a ver la luz al final del túnel; pero lo que no sabía durante ese tiempo era que esa luz no era el final del túnel sino algo que se aproximaba.

La escuela demandaba mucho tiempo, y tuve que dejar de asistir a mi trabajo durante la semana y hospedarme cerca de la universidad. También tenía la responsabilidad de un préstamo de auto, ya que el anterior había sido destruido en un accidente por un hombre embriagado. Durante este tiempo, mi padre no tenía trabajo, por lo cual compraba mi ropa y sufragaba mis propios gastos, ya que no tenía el corazón para pedirle dinero a mi familia. La mayoría de la ropa con la que yo había crecido había sido enviada por mis hermanas desde los Estados Unidos. Mis hermanos mayores habían sacrificado mucho para poder ayudar a mis padres y a mí, el hijo más pequeño.

La preocupación y la falta de consejo trajeron desánimo a mi vida, y mis grados empezaron a decaer. El temor de fracasar embargó mi vida y tomé la decisión de descontinuar mis estudios de ingeniería mientras mejoraba mi situación financiera. Decidí tomar clases nocturnas en tecnología de electrónica en vez de continuar con los estudios en ingeniería. Estudiando de noche me daría la oportunidad de trabajar durante el día para recibir los ingresos que necesitaba. Apliqué al programa, pero un mes antes de comenzar, el temor regresó. Tenía temor al fracaso en la escuela y el fracaso en las finanzas.

Las Fuerzas Armadas

Una tarde mientras me encontraba en la sala viendo televisión, apareció un comercial de la Infantería de Marina de los Estados Unidos. *¡Esa era mi salida!* Pensé emocionado. Podía escapar de mis temores y de los posibles fracasos que me esperaban. Siempre había tenido éxito y esta era mi salida para continuar. Además, entrando a las fuerzas armadas me daba la oportunidad de continuar recibiendo ingresos, asistir a la universidad y a la vez ver el mundo. *¡Esto sí es libertad!*

Además, la Infantería de Marina era para "unos pocos de hombres buenos," y yo quería probarle a todos que era uno de esos pocos. Pero luego me puse a pensar. En la escuela secundaria, había sido escogido símbolo de la paz, o como los compañeros de escuela me llamaban: "Chico Paz". ¿Cómo podía enlistar en las fuerzas armadas?

Pero esta era la forma más fácil para encontrar la libertad que buscaba. Podía mejorar mis finanzas, el conocimiento, y la educación; aprender mejor el inglés, recorrer el mundo, y regresar a mi pueblo todo un héroe. Entonces enlisté. La mayoría de los que me conocían no pensaban que iba a poder lograrlo pero se equivocaron, pero no sin primero enfrentar experiencias nuevas e inquietantes.

Durante mis tres meses de entrenamiento básico, me enfrenté a algo que nunca había experimentado antes: discriminación. Aunque arduamente llevaba a cabo cada tarea que se me asignaba, uno de los instructores me preguntó por qué no estaba haciendo el trabajo asignado. Me informó que otro de los reclutas, un anglo, le había informado de la situación. Por supuesto, me sentí confundido y sorprendido.

También, de vez en cuando, había otro muchacho afroamericano que también parecía tener problemas conmigo, a pesar de que hablábamos muy poco. Le comenté esto al otro puertorriqueño, la única otra persona que le podía hablar en español, y me dijo que estaba experimentando discriminación. Estas personas habían formado un estereotipo y me estaban juzgando y calumniando basado en su imagen preconcebida.

Sin embargo, mi sentir era que ellos tenían celos. Semanas antes el instructor me había llamado a marchar al frente del pelotón para demostrarles a los demás cómo se marchaba. Lo que el instructor ni los demás sabían era que yo había aprendido a marchar durante mis años de escuela secundaria cuando era miembro de la Patrulla Aérea Civil. Creo que los sorprendí a todos por la forma en que dominaba la tarea.

Aunque mi mayor reto estaba en entender el inglés, también había personas dispuestas a evitar que yo triunfara. *¿No es este el hogar del libre?* Yo reflexionaba. *¿Entonces por qué quieren violar mi libertad y deseo de superarme?* Al final no hubo reprimenda hacia mí y decidí ignorar a los ignorantes. Continué enfocándome en mis retos y deseo de triunfar en todo lo que se me viniera por delante.

Una semana antes de graduarme del entrenamiento básico, estaba emocionado pensando que iba a poder trabajar en electrónica de aviación. De todos modos, yo me había graduado de escuela secundaria con un diploma en electrónica, y había pasado el examen de ingreso militar con altas calificaciones en electrónica y matemáticas. Pero cuando recibí las órdenes me di cuenta que había sido traicionado. Me estaban enviando a reparar armas.

No podía comprender por qué alguien con mis calificaciones y experiencia era asignado a ejercer un trabajo que no meritaba mis destrezas y conocimiento. Además, ¿cómo iba yo a aplicar esta ocupación a una carrera cuando saliera de las fuerzas armadas? El desánimo volvió a mi corazón, pero esta vez no podía escapar. Tendría que cumplir con mi contrato de cuatro años en un oficio que no contribuiría a mi futuro. Traté de mantenerme optimista y esperanzado. Por supuesto, podía regresar a la universidad y terminar un bachillerato antes de regresar a Puerto Rico.

Estuve un promedio de tres meses en la escuela de armas en la base de Aberdeen Proving Ground en el estado de Maryland. Allí fui parte del destacamento de Marina llamado en inglés "Ordnance Maintenance Center of Excellence". Me propuse que, a pesar de que no era mi deseo estar allí, iba a terminar con excelencia. Mi mayor reto era el idioma, y cada noche dedicaba doble tiempo al estudio. Dependía mucho de mi pequeño diccionario para entender el significado de las palabras, pero era frustrante ya que no tenía muchas de las palabras específicas para armas. Al graduarme de esta escuela, sentí que había realizado algo en esta etapa de mi vida. Pude terminar una escuela todo en inglés. Sentí que estaba adquiriendo algo de libertad aunque todavía estuviera atrapado en un mundo que todavía no podía entender la mayoría del tiempo.

Fui asignado a la estación aérea de la marina en Beaufort, Carolina del Sur. ¡Qué ironía! Se me negó trabajar en aviones, pero fui asignado a una armería localizada a poca distancia de la pista de aviones, añadiendo más dolor al daño emocional que se había infligido en mi corazón. No obstante, estaba determinado en triunfar y no dejar que esta experiencia me quitara el deseo.

Aprendí de mi padre que la ética de trabajo era muy importante para tener éxito. Siempre me había enfocado en hacer lo mejor con excelencia, aunque no se me reconociera. Mi enfoque ahora era de aprender bien mi trabajo y hacerlo mejor que los demás. Durante mis tres años en Beaufort, fui promovido tres veces por mis calificaciones y esfuerzo. Un día mi supervisor se acercó y me dijo, "A pesar que hay otras personas que llevan más tiempo trabajando aquí, te mereces el reconocimiento porque tu enfoque es de hacer un trabajo excelente y no de perder tiempo hablando sobre la pesca y otras cosas." Mi supervisor reconoció mi deseo de mejorar, pero otros no estaban felices con mi reconocimiento. Sin embargo, ellos no tenían cómo desprestigiar mi nombre y mi trabajo. Siempre quise ser transparente en lo que hacía.

Cuando llegué a Beaufort ya tenía seis meses en Estados Unidos sin poder haber comenzado alguna relación con las personas que me rodeaban. Me había aislado de los demás por el temor que me ridiculizaran por mi acento y también por la discriminación que había experimentado. Decidí que esta situación no podía continuar. Tenía que dejar a un lado mi temor y rechazar todo lo negativo. Era mi vida, mi carrera, mi libertad. Estaba en las fuerzas armadas para luchar por la libertad de este país, y sería el colmo que no me sintiera libre.

Por lo tanto, comencé a socializarme con las personas de mi trabajo. Eran de varios lugares del país: algunos eran de Nueva Inglaterra, otros del medio occidente, otros del sur y otros del oeste. Como grupo, nos comunicábamos y desarrollamos relaciones, pero pronto me di cuenta que cuando se congregaban en su grupo regional o grupos étnicos, sus actitudes eran diferentes. Entonces, cuando me encontraba con los afro-americanos, sureños, o norteños, notaba una reacción diferente hacía mí. Era como si me echaran a un lado, y el rechazo venía de toda dirección. Experimenté un sentido de soledad aún más profundo cuando recibí el año nuevo solo en mi cuarto sin amigos, familiares, ni compañeros de trabajo. La libertad que tanto buscaba se había convertido en soledad, tristeza y reclusión.

A pesar que venía de una familia pobre, mi niñez había sido llena de familia, amistades y entretenimiento. Luego de salir de casa, traté dos veces de mantener noviazgos a larga distancia, pero sentía que no era justo para ellas, ya que no estaba seguro si algún día regresaría. Terminé hiriéndolas en busca de mi satisfacción personal y egoísta.

Quería regresar a casa un éxito, pero la tristeza que estaba agobiando mi corazón no ayudaba. En varias ocasiones mientras estaba en la milicia, fui enviado a diferentes partes de la nación y Europa. Durante este tiempo, no existía internet y tomar cursos en la universidad en línea no era una opción. Además, no sentía que mi inglés era lo suficientemente bueno como para tomar cursos de universidad. Como resultado mi deseo de asistir a la universidad continuó inactivo.

Como resultado de todas estas circunstancias, comencé a visitar los clubes y las discotecas. Solo y aburrido, conocí a mujeres que también estaban pasando por momentos de soledad. Estos encuentros me guiaron a decaer en el pecado de la fornicación mientras buscaba el amor y la atención que no tenía.

En medio de todo esto, mi compañero de cuarto me presentó una foto de su cuñada. Fue una atracción que no había sentido antes. Al poco tiempo tuve la oportunidad de conocerla y al año nos casamos. Ahora estaba unido a otra persona y tenía responsabilidades como esposo. Tres meses después recibí órdenes para ir a Okinawa, Japón, durante mi último año de servicio. Durante mi tiempo en el extranjero, contaba los días hasta el momento en que pudiera sentirme nuevamente libre.

Nueva Jersey

Luego de terminar mi contrato de cuatro años activos de servicio, decidí no regresar a Puerto Rico como un fracaso pero continuar buscando fortuna y libertad en los Estados Unidos. Decidí moverme a Nueva Jersey, donde algunos de mis hermanos residían. Ellos me brindaron la mano para comenzar otra etapa de mi vida, y dos meses después, llegó mi esposa. Para ese entonces, ya tenía un trabajo, y todo parecía comenzar a tener un orden. Mi esposa también consiguió un trabajo y pudo comprarse un auto. Los dos teníamos el deseo de superarnos y decidimos asistir a la universidad mientras trabajábamos.

Yo trabajaba en el área de producción operando máquinas. No esperaba trabajar cuarenta años sin un futuro exitoso; quería seguir progresando y adquirir más libertad en mis finanzas, carrera y tiempo. Apliqué a varios trabajos internos en supervisión y servicio al cliente, y una puerta finalmente se abrió en el departamento de contabilidad.

Aprendí todo lo que necesitaba saber para el trabajo y tomé cursos universitarios en contabilidad. Tan pronto otra posición en contabilidad estuvo vacante, apliqué y fui seleccionado. Mis gerentes estaban muy contentos con mis contribuciones a la compañía y mi esmero de seguir creciendo. Trataba de hacer todo con excelencia. Una vez mientras estábamos parados cerca de la copiadora, mi gerente me dijo, "haces todo a la perfección. ¡Hasta tu peinado se ve perfecto!" Me hizo reír, pero también reflexioné en lo que me había dicho. En realidad estaba progresando, y estas eran señales de que estaba viendo otra luz al final del túnel. Me decía a mí mismo, *se que pronto progresaré más y podré adquirir esa libertad que tanto he soñado. ¡Sé que mi esposa, mis hermanos y padres estarán orgullosos de mí!* ¿Qué era una familia sin hijos? Como pareja, mi esposa y yo queríamos alcanzar otra etapa en nuestras vidas, y sentirnos que este era el tiempo oportuno. Nuestros gemelos varones nacieron casi cuatro años luego de habernos casado. Teníamos unos hermosos niños y estábamos orgullosos de ellos, pero faltaba algo. Todavía no nos sentíamos completos y libres para obtener todo lo que el mundo tenía disponible. Todavía trabajaba de contador y mi esposa de servicio al cliente. Nuestros sueldos a penas nos daban para suplir los gastos de los niños, el alquiler de apartamento, los alimentos y los autos. Estaba frustrado. No importaba cuánto me esforzaba, no encontraba la libertad y la paz que buscaba. *¿Por qué no puedo tener una casa como muchos otros? Los dos trabajamos, tenemos una hermosa familia, buena salud. ¿Será esto todo lo que la vida nos puede ofrecer? No lo creo. Necesito buscar otras alternativas.* Estos eran los pensamientos que corrían por mi mente. Me gustaba trabajar para la compañía y sabía que tenía sucursales por todo el país, pero mi deseo era regresar a Puerto Rico o vivir en la Florida.

Washington

A pesar que tenía experiencia en contabilidad, me gustaba la computación. Tomé cursos de computación en la universidad y había aprendido algo durante mi tiempo personal y en mi trabajo. Pronto una posición estuvo disponible en el departamento de informática para apoyar al cliente. Esta posición estaba localizada en los cuarteles generales de la corporación en el estado de Washington.

Viajé a Washington para la entrevista, y un mes después, mi familia y yo estábamos en el noroeste. A pesar que me había movido lejos de mis hermanos, sabía que este cambio traería desarrollo a nuestra carrera y la oportunidad para una vida mejor. Afortunadamente, mi esposa también pudo asegurar una transferencia en su trabajo, ya que su compañía tenía oficinas en Seattle.

Sabíamos que las casas eran más baratas en esta área, y sentimos que era nuestra oportunidad para completar nuestro sueño americano. Compramos la casa un mes después, y con esa meta alcanzada, todos nuestros sueños se habían hecho realidad. Por lo menos, eso era lo que pensábamos.

A pesar que mi esposa y yo nos amábamos mucho, teníamos temperamentos fuertes y chocábamos a menudo. No era fácil mantener una relación estable mientras balanceábamos las obligaciones con los niños, la casa, el trabajo, y todas las responsabilidades que estas áreas demandaban. Pero estaba determinado a ser exitoso en la vida y obtener la libertad total que tanto buscaba. Un día comencé a meditar sobre mi progreso: *Soy una buena persona. Siempre pienso en los demás, y ayudo al vecino. Tengo casa, familia, autos, y buen trabajo, y mi familia está orgullosa de mí. Pero todavía no me siento libre. Necesito algo más pero no se qué es. Quizás necesito buscar una forma de entretenimiento.*

Siempre me había intrigado la genealogía. Quería saber de dónde venían mis ancestros, entonces comencé a investigar en la red de internet y a enviar cartas a parroquias y a otros genealogistas. Compré un libro en donde aparecían nombres de mis ancestros que nos conectaban a un español que llegó a Puerto Rico alrededor del año 1541. Había sido fundador de pueblos y era pariente de muchas personas. Orgulloso de mis investigaciones, compartí los resultados con amigos y miembros de mi familia.

Pero pronto el deseo de continuar investigando cesó, y otras prioridades reemplazaron mi entretenimiento. Ya había hecho mis descubrimientos y ahora no era tan emocionante como al principio. *¿Y ahora qué? ¿Es esto todo lo que la* *vida ofrece—tanto buscar solo para darme cuenta que no puedo conseguir la verdadera felicidad y libertad que tanto he buscado a través de todos estos años?* Sentía un vacío que no podía ser lleno por mi esposa, hijos, trabajo, o cosas materiales.

Mientras tanto, mis compañeros de trabajo me invitaron a asistir a su iglesia. Acepté porque pensé que toda familia necesitaba asistir a la iglesia. Además, pensé que mi esposa necesitaba cambiar, y pensé que llevándola a la iglesia podría ayudarle con su mal humor. Los mensajes y el ministro podrían impactar su vida, pensé, y hacerme la vida más fácil.

Comenzamos a asistir a la iglesia en junio del mismo año que llegamos a Washington. Pasaron varios meses, pero sentía que algo faltaba en mi vida. Estaba haciendo todo lo que un buen ciudadano hace. Nunca usé drogas, serví en las fuerzas armadas, y tenía una familia, una casa, un buen trabajo, pagaba mis impuestos, me limpiaba los dientes con hilo dental, y ahora, hasta asistía a la iglesia. A pesar de todo lo que había alcanzado, ¿por qué sentía todavía ese vacío?

Reflexionando en mi apuro, me di cuenta que la emoción de comprar algo nuevo era temporera. La casa, los autos, la televisión, los entretenimientos—nada me podía hacer sentir completo. Como resultado, comencé a entristecerme nuevamente, pensando si tal vez todo lo que había alcanzado había sido en vano. Quizás deba tirar la toalla y regresar a Puerto Rico. *¡Miserable de mí! ¿Tanto nadar para morir en la orilla?* Me lamentaba.

Sentía que no tenía salida. Nada de mis éxitos iban a llenar mi vacío. Ninguna de las promociones en mi trabajo lo había podido hacer. A pesar que existía un gran amor por mi esposa y mis hijos sabía que ellos tampoco podían ayudarme. Pero alguien estaba escuchando mis gritos internos de desesperación.

El Comienzo de mi Verdadera Libertad

Era un domingo en la mañana durante el servicio de las nueve de la mañana. Había escuchado antes algunas de estas palabras, pero en esas ocasiones, no estaba buscando una solución espiritual a mi búsqueda por libertad y éxito. Mi alma y mi corazón no habían estado tan dispuestos a recibir como en esa mañana.

Las palabras del pastor penetraron mi corazón como si Dios mismo me hubiera estado hablando. Mis ojos fueron abiertos y finalmente pude entender la respuesta que estaba buscando. No era acerca de mis propias fuerzas o lo que el mundo pudiera ofrecer. Tampoco era acerca de mi familia o mis éxitos. Solo rindiendo todo mi ser a Cristo podía comenzar una vida nueva. Dios me ama y envió a Su Único Hijo a morir en la cruz por mí. Podía entregarle todas mis cargas, pecados, tristeza, preocupaciones. Solo así Él podía llenar ese vacío que había en mi corazón. Mientras dependía completamente en Él, podía ser una nueva criatura llena del gozo que solo Jesús podía dar.

No tenía nada que perder; no tenía otra alternativa. Tan pronto decidí dar el paso de obediencia, sentí que una gran carga partía de mi ser. Paz, gozo y libertad invadieron mi corazón como nunca antes. Sabía que automáticamente la vida no se tornaría fácil, pero no había duda alguna que algo sobrenatural había sucedido en mi vida.

Mi nueva vida me llenó con el deseo de aprender más de Dios y Su voluntad. Aunque me sentía feliz y completo, en lo más profundo de mi alma, algo todavía estaba mal, algo que me hacía sentir como muerto en vida. Entendí que la Palabra de Dios era verdad y un vehículo para encontrar la verdadera libertad, entonces dediqué tiempo a estudiar las Escrituras. Pronto descubrí varias áreas en mí que necesitaban sanidad espiritual.

Entre otras cosas, necesitaba comenzar a depender en Dios y no en mi autosuficiencia y las experiencias que había adquirido mientras viajaba alrededor del mundo. Tenía que perdonar y cambiar mi carácter. Así como había desarrollado mis destrezas seculares, sabía que tenía que desarrollar un caminar con Dios. Mientras mi sed por Él crecía, me enfoqué en sanar mis heridas, fortalecer mis debilidades, y servir al Señor.

A través de los años, Dios me mostró áreas claves en mi vida que necesitaba transformar si quería experimentar un caminar de victoria, gozo y libertad. Cristo desarrolló en mí una pasión por hacer discípulos basado en los sietes pasos de transformación que Él me estaba enseñando. Es mi deseo que estos siete pasos transformen tu vida como lo está haciendo con la mía.

Preguntas para Meditar

1. ¿Te has sentido alguna vez con necesidad de llenar algún vacío que ni el dinero, lujos, entretenimientos, placeres o éxitos lo han podido llenar?

2. Quizás has tenido la oportunidad de viajar y conocer varios lugares de tu país o el mundo. ¿Cuánto tiempo duró esa emoción de haber visitado esos lugares?

3. ¿Piensas que completar tus sueños te dará toda la felicidad necesaria para vivir una vida abundante?

4. Quizás has alcanzado todas tus metas y sientes que has completado todos tus sueños. ¿Sientes que todavía falta algo?

5. ¿Qué podrá llenar ese vacío?

Cristo quiere llenar ese vacío ahora mismo (Apocalipsis 3:20). ¡Deja que entre a tu corazón y haz este el primer día de tu nueva vida!

Capítulo 3
Mi libertad la obtengo en el perdón

Bienaventurado aquel cuya transgresión ha sido perdonada, y cubierto su pecado. Bienaventurado el hombre a quien Jehová no culpa de iniquidad, Y en cuyo espíritu no hay engaño. Mientras callé, se envejecieron mis huesos en mi gemir todo el día. Porque de día y de noche se agravó sobre mí tu mano; Se volvió mi verdor en sequedades de verano. Mi pecado te declaré, y no encubrí mi iniquidad. Dije: confesaré mis transgresiones a Jehová; y tú perdonaste la maldad de mi pecado. Por esto orará a ti todo santo en el tiempo en que puedas ser hallado; ciertamente en la inundación de muchas aguas no llegarán éstas a él. Tú eres mi refugio; me guardarás de la angustia; con cánticos de liberación me rodearás. Te haré entender, y te enseñaré el camino en que debes andar; sobre ti fijaré mis ojos.

—Salmo 32:1-8

El perdón es la fragancia que la violeta emana en el talón de la persona que la ha aplastado.

—Mark Twain

AL PEDIR PERDÓN

La libertad se consigue al llenarnos de la verdad de Dios y al rechazar todo orgullo. Desafortunadamente somos orgullosos por naturaleza, y esta actitud del corazón evita aceptar nuestras faltas y permite la justificación de nuestros actos. El paso principal para comenzar la vida eterna con Dios es aceptar a Cristo como nuestro Señor y Salvador y pedir perdón por nuestros pecados. Cuando damos cuentas y aceptamos nuestros errores, podemos remover esa carga y enfrentar la situación con convicción y libertad.

En el Salmo 32, el rey David encontró libertad espiritual luego de aceptar su pecado y pedir perdón a Dios. El pecado incrementa el ritmo de envejecimiento y nos destruye física y espiritualmente. Pero cuando le pedimos a Dios y a nuestro prójimo por perdón, las cadenas, ataduras y cargas espirituales son removidas, y podemos tener una relación íntima con Dios y otros. El perdón del Señor es permanente.

Muchos pensamos que pecar solo se aplica a situaciones graves como robar un banco o matar. Sin embargo todos somos pecadores, y lo que nos espera es muerte eterna (Romanos 3:23; 6:23). Podremos ser ciudadanos buenos y exitosos, responsables padres de familia o hijos respetuosos, pero continuamos siendo pecadores.

Nuestra naturaleza humana demanda venganza y enfatiza derechos, no solamente cuando alguien nos ha hecho mal, sino también a nuestros seres queridos. Antes de recibir esa transformación en mi vida, era una persona vengativa. Cuando era adolescente, una vez llegué a casa de la escuela y encontré a mi papá recostado en el sofá. Tenía un ojo inflamado, entonces le pregunté qué le había sucedido. Respondió que un hombre le había pegado en el ojo. Inmediatamente sentí una ira inexplicable, y mi deseo era de encontrar ese hombre para matarlo. Mi padre, sonriendo, me dijo que me calmara. El solo estaba bromeando; una avispa lo había picado.

Desde pequeño, había estado expuesto a muchas injusticias en mi familia, y sentía rencor contra uno de mis hermanos por el sufrimiento que había causado a mis padres y hermanos. Nunca había visto a mi madre llorar de angustia hasta esa mañana cuando mi hermano le pegó una bofetada a una de mis hermanas. Este incidente causó que mi hermana se fuera de la casa con su novio, sin esperar al día de la boda que ya tenían marcado. También surgieron otras situaciones dolorosas con prácticamente la mayoría de mis otros hermanos.

No podía entender su ira hacia todos. Luego que comencé a tener una relación con Dios, me di cuenta que mi hermano había sufrido muchas decepciones y rechazos. En realidad él nos amaba como familia, pero se le hacía difícil controlar su ira. Le pedí perdón a Dios por mi rencor, y ahora lo único que siento es amor y un deseo inexplicable de compartir con él sobre el perdón, las bendiciones, el gozo y la paz que solo Dios puede dar.

Si decimos que no hemos pecado, le hacemos a él mentiroso, y su palabra no está en nosotros.

—1 JUAN 1:10

El orgullo y la justificación del pecado nos impide pedir perdón. Desafortunadamente, nacemos con estas características. Los niños, por ejemplo, se pelean por adueñarse de algún juguete que quieren. Cuando se portan mal, los niños justifican sus acciones para evitar ser disciplinados. Cuando mis niños hacían algo malo, siempre les daba la oportunidad para que explicaran lo sucedido. A pesar que yo sabía lo que habían hecho, quería ver si ellos mostraban alguna señal de arrepentimiento. Muy pocas veces confesaban y aceptaban la responsabilidad, pero la mayoría del tiempo, justificaban las acciones o simplemente trataban de ocultarlo. Mientras crecemos, nuestra justificación simplemente se convierte más sofisticada.

Al estudiar las Escrituras, me di cuenta que Dios utilizaba la misma táctica que yo usaba con mis hijos. Él siempre la daba a las personas la oportunidad de confesar y aceptar responsabilidad por sus pecados. En el libro de Génesis, vemos cómo Adán y Eva intentaron justificar su pecado. Primero, trataron de esconderse de Dios, lo cual es imposible. Luego, después que Dios los confrontó y les dio la oportunidad de confesar, Adán culpó a Eva, la cual culpó a la serpiente (Génesis 3). En el ejemplo de Caín y Abel, el celo y odio de Caín contra su hermano Abel resultó en sarcasmo, irreverencia, y orgullo dirigido a Dios (Génesis 4).

Nuestras acciones pecaminosas no pueden ser justificadas. Somos justificados solo a través del arrepentimiento y aceptando el perdón de Dios a través de Cristo.

La religiosidad, sin embargo, nos impide pedir perdón. Pensamos que al hacernos parte de una denominación y practicar los ritos y reglas, tenemos el derecho de justificar nuestras acciones y ataques a personas de otras religiones. Cegados por nuestras creencias, blasfemamos contra Dios y maldecimos al prójimo, simplemente porque ellos no tienen las mismas creencias.

Escuché una vez una historia que ilustra perfectamente este punto. Una madre tenía un hijo alcohólico el cual aceptó a Cristo y fue liberado del alcohol. Comenzó a asistir a una iglesia evangélica, pero la mamá se enfureció. Ella prefería que su hijo continuara como alcohólico a que estuviera asistiendo a una iglesia evangélica.

El apóstol Pablo tuvo este mismo problema. Como sacerdote y gran estudioso de la ley, la religiosidad e ignorancia de Pablo le impedía entender que el Mesías había venido a este mundo a morir por nuestros pecados. Saulo, como era llamado antes de su conversión, perseguía a los cristianos y fue testigo del asesinato de Esteban, el primer mártir registrado en la Biblia (Hechos 7:58-60). Luego Pablo dio gracias a Dios por haber sido librado del peligro de la religiosidad y la ignorancia (1 Timoteo 1:12-14).

No perdonarnos a nosotros mismos evita que recibamos la sanidad y el perdón. Quizás el problema sea que no nos podemos perdonar por el daño que hemos causado a otros. Para Dios, sin embargo, no hay pecado tan grande que no pueda ser perdonado por Él al venir rendido ante Sus pies en arrepentimiento con un corazón contrito y humillado (Salmo 51:17). Si en verdad creemos esto, entonces no hay razón de mantenernos atados al pasado.

Los apóstoles Pedro y Pablo traicionaron a Cristo, pero ambos aceptaron el perdón de Dios y fueron una fuerza dinámica para Su obra. Pedro negó a Jesús, pero se quebrantó y pidió perdón; consecuentemente, Dios lo restauró para llevar a cabo Su obra. Pablo persiguió a los cristianos, pero al tener un encuentro con Jesús, se humilló en arrepentimiento y fue usado grandemente por el Señor para alcanzar al mundo para Cristo.

Por otro lado, ese no fue el caso con otro discípulo del Señor, Judas Iscariote. A pesar que Jesús sabía que Judas lo iba a traicionar, le dio la oportunidad de cambiar hasta el último momento; el Señor nunca lo rechazó. A pesar que Judas robaba de la tesorería, Jesús le permitió que continuara en su posición (Juan 12:6). A pesar de las intenciones egoístas y materialistas de Judas, Jesús lo discipuló y envió a hacer la obra con los demás discípulos.

Luego que Judas traicionara a Jesús, tomó la decisión de no volver a los pies de Cristo. No pudo aceptar el perdón de Dios y se suicidó. Si no podemos amarnos a nosotros mismos, será imposible poder amar a otros. Nosotros somos justificados por medio de la fe en Cristo Jesús (Romanos 5:1). Tenemos que creer que, a pesar de nuestras caídas, Dios nos creó con un plan hermoso y especial en mente. Es nuestra decisión escoger el camino, la verdad y la vida encontrado en Cristo Jesús. Nunca es tarde para arrepentirnos y perdonarnos a nosotros mismos.

Muchas personas, incluyendo cristianos, llevan a las personas a la corte por orgullo, venganza o avaricia, pero la Palabra nos dice que arreglemos nuestras diferencias en privado. De otro modo, el resultado no será bendecido, y alguien podría terminar en la cárcel (Mateo 5:25). Estas personas arrogantes sienten ser mejor que los demás, pero cuando sus corazones no están bien con Dios, terminan derrotados (Jeremías 49:16).

AL PERDONAR

Y ante todo, tened entre vosotros ferviente amor; porque el amor cubrirá multitud de pecados.

—1 PEDRO 4:8

El débil nunca puede perdonar. El perdón es un atributo del fuerte.

—MAHATMA GANDHI

La falta de perdón es una de las razones principales por las cuales existen tantos problemas y desgracias en el mundo; esto incluye guerras, matrimonios y familias destrozadas. El orgullo nos ata y evita que tengamos la libertad que tanto deseamos. Pero al igual que pedimos perdón a otros, tenemos que tener la misma actitud en el corazón para extender el perdón y remover las ataduras espirituales. Solo así podremos tener el verdadero gozo y libertad.

Debido al orgullo y resentimiento, a menudo se nos hace difícil perdonar. Guiados por nuestros sentimientos, somos como el apóstol Pedro, quien pensó que había un límite para perdonar a los demás. Pedro queriendo saber cuántas veces tenía que perdonar a su prójimo, le pregunta a Jesús si siete veces era suficiente. Jesús le responde que tenía que perdonar no solo siete veces, pero hasta setenta veces siete. En otras palabras, es necesario perdonar siempre (Mateo 18:21-22; Lucas 17:3-4).

El amor de Cristo nos ayuda a mirar más allá de las faltas de otros.

En la primera carta de Pedro, vemos que Pedro había aprendido la lección bien. Con el mismo amor y perdón que recibió de Jesús, Pedro, con el carácter de Cristo en él, enseñó a otros la necesidad de perdonar. El amor de Cristo nos ayuda a mirar más allá de las faltas de otros.

Pero muchas veces, cuando alguien nos ha hecho mal, nuestra primera reacción es el deseo de vengarnos. Sin embargo, el Señor dice que la venganza es suya, y si esperamos en Él, nos salvará de las manos del enemigo (Romanos 12:19; Proverbios 20:22). No está en nuestras manos el juzgar y sentenciar al prójimo (Mateo 7:1-5). Dios está en control, y si confiamos en Su Palabra, siempre estaremos protegidos. Nadie sale ganando cuando tomamos venganza con juicio natural.

La parábola de los dos deudores nos da un vivo ejemplo de cómo personas egoístas quieren recibir misericordia y que sus deudas sean perdonadas, pero no quieren extender la misma misericordia a sus deudores (Mateo 18:23-35). Jesús comparte esta parábola luego de mencionarle a Pedro que es necesario perdonar siempre. Tristemente, el que no perdona terminará como el siervo ingrato de la parábola.

Dios es inmensamente sabio, y como nuestro Creador, entiende nuestra naturaleza pecaminosa. Sabe muy bien que nos gusta ser perdonados sin pedir perdón al igual de cómo somos poco dispuestos a perdonar cuando nos ofenden.

Jesucristo enseñó a los discípulos cómo orar a través del Padre Nuestro (Mateo 6:9-13). A pesar que esta oración es repetida diariamente por millones de personas, el significado a menudo no es entendido de acuerdo a la intención de Jesús. Yo, también, era uno de los que repetía, "Perdónanos, como nosotros perdonamos a los que nos ofenden." Quería que Dios me perdonara pero no quería perdonar al prójimo.

A pesar que la mayoría de nosotros nos memorizamos el Padre Nuestro, usualmente no investigamos el contexto de este pasaje. En Mateo 6:6, Jesús explicó que tendemos a memorizarnos y repetir muchos rezos, pero son simplemente vanas repeticiones a menos que provengan de lo más profundo de nuestro corazón. De otra manera, solo estamos cumpliendo con un compromiso religioso auto-impuesto.

Cuando Dios quiere ser bien claro en algo, lo repite, no solamente en varias partes de las Escrituras, sino también varias veces en el mismo pasaje. En Mateo 6:14, Jesús vuelve a explicar que tenemos que perdonar las ofensas para que nuestro Padre Celestial perdone las nuestras. No solo necesitamos el perdón de Dios, sino también ejercer misericordia con los demás (Miqueas 6:8). Esta es la única forma de poder percibir un poco de cuán misericordioso es el Señor con nosotros.

El perdón es imprescindible ya que solo así podremos tener libertad. El perdón nos libera del yugo emocional que impide el crecimiento espiritual. Perdonar es una decisión. Dios quiere que seamos conscientes de la importancia y nivel de perdón que tenemos que practicar. Si queremos que Dios nos perdone de la misma manera y al mismo nivel que nosotros perdonamos a los demás, entonces nuestra meta será de ejercer un perdón incondicional y completo hacia otros. Este perdón entonces será reciprocado a nuestras vidas mientras lo recibimos del trono de Dios.

En el Antiguo Testamento, vemos cómo José, hijo de Jacob, a la edad de unos diecisiete años fue vendido como esclavo por sus hermanos envidiosos y celosos. José fue esclavo en Egipto y estuvo preso por muchos años por un crimen que no cometió. Pero Dios conocía el corazón de José y su deseo de ayudar a su pueblo y eventualmente lo rescató de su prisión. A pesar de todas las circunstancias y sufrimiento que pasó, José, años después, pudo perdonar a sus hermanos por lo que le habían hecho; lo tomó como la voluntad de Dios para salvar a Su pueblo de la hambruna (Génesis 45:5-8).

Como José, tenemos que aprender de cada prueba y situación que enfrentemos. El resentimiento y la falta de perdón solo nos llevarán a la ruina. Necesitamos corazones perdonadores y sanos para así poder recibir las bendiciones de Dios. Jesús vio el verdadero arrepentimiento de Pedro y lo perdonó por haberlo negado. El Señor sabía que esta experiencia levantaría a Pedro a un nuevo nivel para poder ser usado grandemente en el ministerio.

Pablo le dijo a la iglesia de Galicia que Dios les había llamado para ser libres, pero les advirtió a no usar la libertad para destruirse los unos a los otros (Gálatas 5:13-15). El diablo nos ataca con esta artimaña como también la envidia y el celo.

El águila es mencionada en muchas analogías de éxito y libertad. El noticiero de la tarde una vez presentó un reporte de dos águilas calvas. Estas águilas habían estado peleando en uno de los lagos del área. Durante su contienda, sus alas se mojaron y no podían volar. Las aves tuvieron que mantenerse en tierra, estrechando sus alas hasta que secaran. Quedándose en el suelo, sin embargo, las hacía vulnerables a ataques de predadores.

La libertad nos mantiene volando alto,
pero la contienda destruye nuestra
habilidad de volar.

Similarmente, la libertad nos mantiene volando alto, pero la contienda destruye nuestra habilidad de volar. Por lo tanto, enfrentemos nuestras diferencias lo más pronto posible. Si guardamos resentimiento o evitamos a la persona que nos ha hecho mal, el enemigo lo usará para crear una situación mayor de lo que realmente es. Mucho cuidado con los pequeños conflictos, ya que pueden destruir tu relación con tu cónyuge, con tus hijos, como también con tus líderes y personas que te rodean (Cantares 2:15). Entonces, cuando enfrentes una prueba fuerte, no vas a poder volar, porque las cosas acumuladas crearán mucho peso en tu corazón.

Si es posible, cuando tengas un conflicto, trata de resolver el problema el mismo día (Efesios 4:26-27). Además, busca el mejor lugar y audiencia adecuada, sin compartir tu problema con todas las personas que te rodean (Mateo 18:15). Así como la levadura se extiende rápidamente, los corazones de estas personas se pueden contaminar en contra de la otra persona. Cuando te das cuenta del daño creado, podría ser muy tarde. Entonces, habla con la persona a solas y se un pacificador. El deseo de Dios es traer sanidad y unidad.

LA BENEVOLENCIA

Personas van a aprovecharse de ti. Si todavía no te has dado cuenta, muchas personas que asisten a la iglesia han luchado con grandes problemas y situaciones. La mayoría han sido librados por Cristo y están haciendo lo mejor para caminar con Él, pero otros están para tomar ventaja de la bondad de otros.

Muchas personas tienen sus propios negocios, y lo bonito del cuerpo de Cristo es el beneficio mutuo derivado de sus servicios. Tristemente, algunas personas dentro del cuerpo tienen la audacia de demandar servicios gratis de estas personas de negocio, usando la excusa que son hermanos en Cristo. Algunas de estas personas, desafortunadamente, no han podido romper la maldición de siempre estar pidiendo "prestado" sin ninguna intención de pagar. Es más, usan el pasaje bíblico acerca de cuán mejor es prestar sin esperar nada en regreso (Lucas 6:35). Estas personas parecen olvidar, sin embargo, que la Palabra también dice que el "impío toma prestado, y no paga" (Salmos 37:21) y que debemos pagar a todos lo que les debamos (Romanos 13:7-8). Cuando confrontamos a personas como estas, tenemos que recordarnos que la gente también tomó ventaja de Jesús (Juan 6). Como he mencionado anteriormente, el Señor nos habló de la parábola de los dos deudores y la necesidad de perdonar la deuda. Sí, la gente se aprovechará de ti, pero si quieres tener un corazón libre lleno de gozo, no puedes permitir estar atado por este tipo de situación. Simplemente aprende de la situación, busca más sabiduría, y reconoce que siempre vas a enfrentar personas que van a querer tomar ventaja. Deja el juicio a Dios, porque eventualmente Él tratará con ellos. Mientras tanto, protege tu libertad espiritual para que Dios continúe haciendo grandes obras en tu vida.

PREGUNTAS PARA MEDITAR

1. ¿Tienes algo contra alguien? ¿Te sientes incómodo cuando piensas en esa persona? ¿Quieres ser libre de esa atadura? Rinde tu sufrimiento al Señor en este momento y declárate libre.

2. ¿Necesitas pedir perdón a alguien? Si la persona vive y conoce sobre tu transgresión, búscala y pide perdón. ¿Ya falleció esa persona, o no sabes dónde se encuentra? Entrégale esa falta a Dios en este momento. ¿Hay personas que necesitas perdonar por haberte herido? Perdónala así como quieres que Dios te perdone. Recuerda, la reconciliación es de Dios.

3. ¿Tienes problemas aceptando ayuda de otros? ¿Puedes admitir tus errores? ¿Te rebelas contra tus líderes o siempre encuentras errores en ellos? Rinde tu orgullo al Señor en este momento, en el nombre de Jesús.

4. Si personas se han aprovechado de tu benevolencia y sientes algo contra ellos, rinde esos sentimientos a Dios. Sé libre en el nombre de Jesús. Recuerda, aún siendo pecadores, Cristo murió por nosotros. Deja que Dios se glorifique a través de tu vida.

Capítulo 4

MI LIBERTAD NO DEPENDE DE OTROS

Por tanto, nosotros todos, mirando a cara descubierta como en un espejo la gloria del Señor, somos transformados de gloria en gloria en la misma imagen, como por el Espíritu del Señor.

—2 Corintios 3:18

LA INFERIORIDAD E INSEGURIDAD

Es parte de la naturaleza el querer la aceptación de los demás. Nos gusta pertenecer a diferentes grupos y organizaciones. Todo eso es bueno, pero el problema surge cuando esperamos que todos nos acepten o acepten nuestras ideas. Quizás somos personas que tratamos de complacer a todos, y esta dependencia en otros nos causa estar atados. Pero la verdad es, no todos tenemos el mismo sentir; vamos a tener diferencias de opinión y perspectiva. Jesús mismo fue odiado porque siempre expresó sus convicciones y fue obediente a Dios. La dependencia a lo natural nos ata, pero la dependencia a lo espiritual nos da libertad.

La inferioridad nos causa que constantemente busquemos a complacer a los demás, siempre buscando por la aprobación de otros para sentirnos valorados. Entendiendo este peligro, Pablo advierte a por lo menos cuatro de las iglesias a no buscar agradar a los hombres (Gálatas 1:10; Efesios 6:6; Colosenses 3:22; 1 Tesalonicenses 2:4). De acuerdo a Pablo, toda persona que actúa de esta manera no es siervo de Cristo, porque no hay sinceridad. Dios quiere que reflejemos libertad sirviendo al prójimo sin esperar una palmada en la espalda. Aunque Jesús fue azotado, y a pesar de todo lo que sufrió, su convicción, perspectiva del plan divino, y obediencia al Padre evitó que perdiera el enfoque, gozo y compasión por las almas.

Cuando vine a Cristo, a menudo escuchaba los testimonios de personas de cómo Jesús les había liberado de las drogas, el alcohol y el pecado. Me preguntaba si en realidad tenía un buen testimonio que impactara a otros. Sabía que la Palabra dice que al que más se le perdona, más ama (Lucas 7:41-43), por lo tanto pensé que quizás no amaba tanto a Dios como los que tenían testimonios impresionantes. Pero el Señor habló a mi corazón, diciéndome que Él me amaba y me había perdonado igual que a todos los demás. Tenía que hablar sobre las grandezas que Él había hecho en mi vida y cómo había transformado mi corazón. Entonces comencé a meditar de cómo Dios me había protegido a través de los años para que pudiera tener la oportunidad de rendirme a Sus pies.

Como cristianos, necesitamos ser libres no solamente de nuestra carne acusadora, pero también de las personas que nos rodean. A veces tenemos líderes cristianos que piensan que necesitamos experimentar una serie de sufrimientos similares a los de ellos para poder madurar y volvernos valiosos discípulos de Cristo. De otro modo, ellos dicen, no somos aptos para pastorear las ovejas.

La Palabra nos enseña que Abraham sufrió, pero por su fe y obediencia a Dios, su hijo Isaac fue bendecido. Jacob, el hijo de Isaac, fue escogido por Dios, pero sufrió, no porque Dios quería que sufriera, sino porque Jacob, queriendo ser autosuficiente, desobedeció a Dios. Como padres, nuestro deseo no es que nuestros hijos sufran como nosotros sufrimos, sino que aprendan de nuestras fallas y puedan ser más exitosos que nosotros. Queremos que aprendan de sus pruebas y circunstancias, sin que cometan los mismos errores que nosotros cometimos.

Después de Su resurrección, el Señor Jesús le revela a Pedro cómo habría de morir por la causa. Pedro entendió que tenía que sufrir, pero en su naturaleza, también quería saber—quizás para comparar—cómo Juan sufriría también. Cristo le dijo que no era su asunto y que dejaría vivir a Juan hasta Su segunda venida si así Él quería (Juan 21:18-22).

Nuestra naturaleza es querer que los demás sufran al mismo grado al que nosotros sufrimos—o de mayor manera—para que aprendan y aprecien lo que han recibido. Esto sucede en las pandillas, con algunos maestros de algunas instituciones, en entrenamientos básicos militares, y en otros lugares.

Sé que el sufrimiento a través de las pruebas es necesario para crecer en ciertas áreas, pero no es de nosotros juzgar a otros o medir su carácter y madurez de acuerdo al grado de sufrimiento que ellos hayan enfrentado. Jesús nos dice que eso no nos importa; de acuerdo a nuestras necesidades individuales, Él determina cómo vamos a ser probados en el ministerio y en nuestro diario vivir. De esto, aprendí que no podía sentirme menos que los demás ni tratar de buscar a sufrir por algo que ya Él había sanado. El Señor me enseñó a no enfocarme en otros ni compararme con sus sufrimientos tratando de merecerme un lugar con Él.

Algunos estudiosos del comportamiento humano han concluido que personas hacen ciertos tipos de movimientos corporales como indicaciones de lo que sucede dentro de ellos. Dicen que cuando las personas cruzan los brazos, están a la defensiva. Si mueven sus anillos de bodas, tienen problemas matrimoniales. Aunque pueda haber algún mérito en esas observaciones, representan un problema para mí.

Por ejemplo, me sentía cómodo cruzando mis brazos sin razón alguna. Era simplemente otra posición en la cual descansar mis brazos. Lo hacía cuando estaba solo, cuando escuchaba atentamente una enseñanza, o simplemente cuando veía un programa de televisión. No obstante, tuve que eliminar este hábito si no quería que las personas me mal entendieran. Además, debido a que los nudillos de mis dedos son más anchos que el resto de mis dedos, mi anillo de bodas me queda suelto y frecuentemente necesito volverlo a colocar en su lugar. Amo a mi esposa con todo mi corazón, pero tuve que también eliminar este comportamiento, ya que la cultura tiende a juzgar de acuerdo a lo que la ciencia dicta.

Es muy seguro que muchas personas con problemas emocionales muestran estos comportamientos. Pero lo que quiero compartir es que no podemos esclavizarnos a lo que las personas puedan decir. ¡Sé libre! Sé sabio, y no trates de imponer tus acciones y comportamiento en otros o dejes que otros impongan los suyos en ti. Si tu corazón es libre, no tienes por qué sentirte atado o condenado por los comentarios de otros.

El apóstol Pablo estaba consciente que su enfoque no era de complacer a las personas sino a Dios. Él estaba completamente enfocado en la misión que Cristo le había dado. La certeza de Pablo en su llamado lo colocaba a un nivel más alto de la opinión popular. No temía que fuera juzgado por la gente, por un tribunal o hasta por su misma carne (1 Corintios 4:3). La Palabra nos dice que es maldito el que confía en el hombre, pero bendecido es el hombre que confía en el Señor (Jeremías 17:5-8).

A veces nos atamos a nuestras propias demandas. Es bueno e importante tener metas para seguir y niveles más altos para alcanzar, pero como seres imperfectos, por supuesto vamos a tener retos y luchas contra nuestras debilidades. Por lo tanto, no debemos juzgarnos a nosotros mismos con tanta dureza o trazar metas perfectas.

Tanto la baja como la alta autoestima tienen el mismo problema: ambos se enfocan en uno mismo y no en Dios. Tenemos que enfocarnos en lo que Dios piensa de nosotros ya que Él es el que nos va a juzgar. Nuestro enfoque debe ser de honrar a Dios, ya que al final del día, Él es lo más importante para nosotros.

Todos poseemos cierto nivel de inseguridad. Algunos la enmascaran con poder, posición, o título. Algunos líderes, intimidados por personas de su equipo que muestran grandes habilidades o talentos, se niegan a darle la oportunidad de crecer. Así como la inferioridad, la inseguridad ocasiona a la persona a constantemente tratar de agradar a otros y tratar de mostrar su valor.

Cuando trabajaba para una gran corporación, vi el principio en acción. Uno de los gerentes le gustaba tener la agenda llena, pasando todo el día en reuniones. Sin embargo, un análisis detenido de la situación reveló que no era siempre necesario para él asistir a todas esas reuniones. Además, algunas veces este hombre, preocupado si su día no estaba lleno de citas por lo menos un sesenta por ciento de su tiempo, generaba reuniones innecesarias. En realidad, este gerente inseguro deseaba sentirse importante y valorizado, y trabajaba duro tratando de impresionar a su equipo y su jefe.

Mientras más mengüe tu nivel de inseguridad, más crecerá tu nivel de fe.

Las metas que trazamos son difíciles de cumplir si permitimos a la inseguridad desarrollar temor y estrés. La inseguridad no nos permite tomar ciertas decisiones las cuales demandarían caminar en la voluntad de Dios. Por lo tanto, mientras más mengüe tu nivel de inseguridad, más crecerá tu nivel de fe.

TEMOR

La inseguridad y la inferioridad son fieles compañeros del temor. Son maldiciones que se atan una a la otra como eslabones en una cadena, hasta que finalmente atan y paralizan a sus víctimas. Están entrelazadas e interrelacionadas con una alimentando la otra. Tristemente, muchos cristianos cargan ataduras de inseguridad, inferioridad, y temor evitando así que disfruten la libertad que Dios tanto desea para sus vidas.

La fórmula para echar fuera todo temor es buscar ser perfeccionados en el amor de Dios (1 Juan 4:18; 2 Timoteo 1:7). Cuando en realidad amamos al prójimo con el amor *ágape* de Dios, no somos gobernados por prejuicios contra personas de otras razas o personas que no conocemos. El amor es la característica esencial de todo cristiano el cual provee la convicción esencial y el dominio propio de vivir de acuerdo a la voluntad de Dios y a enfocarnos en Sus prioridades.

El amor perfecto de Dios en nosotros va a desatar compasión en vez de indiferencia. Jesús no corrió de los pecadores sino que les mostró Su amor por medio de la atención especial y personal a sus necesidades. De la misma manera, cuando vivimos en la esfera del reino de los cielos, reconocemos que el amor de Dios es todo. Con Su amor en nuestros corazones, rechazamos la envidia, argumentos, competencia, u orgullo porque reconocemos que lo mejor está por venir y lo importante es vivir en Cristo. Por lo tanto, vivimos en la misma perspectiva como el apóstol Pablo: "Porque para mí el vivir es Cristo, y el morir es ganancia" (Filipenses 1:21).

INTEGRIDAD

Júzgame, oh Jehová, porque yo en mi integridad he andado; he confiado asimismo en Jehová sin titubear.
—SALMO 26:1

Cristianos tienen que ser íntegros y sinceros. Pretendiendo ser lo que no somos solo nos llevará a la miseria. Ananías y Safira, por ejemplo, perdieron la oportunidad de ser grandes herramientas para el Señor usar. Mintieron a los discípulos simplemente por querer ser reconocidos por su gran contribución a la obra (Hechos 5). Muchas veces actuamos de igual manera, arriesgando todo solo por obtener un corto momento de gratificación que alimenta a nuestro ego y le roba la gloria a Dios. Al final, es todo hipocresía, y nos engañamos a nosotros mismos. Tarde o temprano, las personas descubrirán la verdad. El resultado de una vida llena de engaño es una vida llena de miseria.

No todo lo que queremos hacer va a ser aceptado o fomentado por otros. Quizás tenemos una buena idea para realizar un sueño, pero todo parece derrumbarse a nuestro alrededor cuando la persona a cargo de autorizar ese sueño no está de acuerdo con su valor. En estas circunstancias, tendemos a desanimarnos y perder nuestra paz. En general, experimentamos el desánimo cuando estamos sobrecargados, tenemos situaciones difíciles, pensamos negativamente de nosotros mismos, o nos preocupamos por lo que otros dicen de nosotros. Si nos enfocamos en las circunstancias y las tormentas, nos vamos a hundir.

Si sientes que te estás hundiendo, clama a Jesús en este mismo momento. Incrementa tu fe y Él te sacará de la tormenta como lo hizo con Pedro en el mar de Galilea (Mateo 14:22-33). Declárate más que vencedor en Cristo, y reprende toda acusación de inferioridad, inseguridad y fracaso que el diablo quiera plantar en tu corazón.

Preguntas para Meditar

1. ¿Sientes que siempre necesitas la aprobación de otros para sentirte bien?

2. ¿Sientes que la mayoría de las personas hacen las cosas mejor que tú?

3. ¿Sientes que no eres valorado por lo que eres o lo que haces?

4. ¿Has exagerado compartiendo algún testimonio para que las personas se sientan impresionadas de tus logros?

5. Si has contestado sí a algunas de las preguntas, toma un momento para rendirte en oración delante de Dios. Rinde toda señal de inferioridad e inseguridad, y comienza a declarar libertad en tu corazón, tu casa, y tu vida, en el nombre de Jesús. Declara con convicción que Cristo murió por tus debilidades, pecados, rechazos y que a través de Él eres fuerte y más que vencedor.

Capítulo 5
Mi Libertad no está en las Posesiones

Y diré a mi alma: Alma, muchos bienes tienes guardados para muchos años; repósate, come, bebe, regocíjate. Pero Dios le dijo: Necio, esta noche vienen a pedirte tu alma; y lo que has provisto, ¿de quién será?

—Lucas 12:19-20

No puedo ser esclavo de las finanzas

Las mejores cosas en la vida no son las cosas – Autor desconocido

He visto un mensaje en calcomanías de autos y en internet que dice, "Las mejores cosas en la vida no son las cosas," y yo estoy de acuerdo con ese sentir. Las posesiones nos pueden desviar de Dios. En Salmo 23:1, es obvio que el rey David comprendió que el Señor era el proveedor de todas sus necesidades. Las palabras claves de este versículo son "nada me faltará". Dios no nos promete que todos vamos a ser ricos o que todos vamos a ser pobres. No hay correlación entre estos dos extremos y la madurez espiritual de una persona. Lo que vemos en la Biblia es que Dios usa a diferentes personas de diferentes niveles financieros para guiar a Su pueblo. Salomón fue un rey muy rico, pero muchos de los discípulos de Jesús no lo eran. Hablando de sí mismo, Jesús dijo que no tenía lugar para dormir (Mateo 8:19-20). Lo que Dios nos promete es saciar nuestra sed espiritual y suplir todas nuestras necesidades (Isaías 58:11; Filipenses 4:19).

En Puerto Rico, celebramos el día de Reyes el seis de enero. Este día, los niños reciben regalos, así como muchos otros reciben el veinticinco de diciembre. Esta celebración tiene sus orígenes en los evangelios, basada en el relato de los magos de oriente trayendo regalos al niño Jesús (Mateo 2:1).

Me acuerdo un día de Reyes cuando tenía diez años. Mi cuñado Fernando y mi hermana Carmen llegaron a nuestra casa y dijeron que tenían una sorpresa para mí. En ese tiempo, la bicicleta era la más valiosa posesión que tenía; dependía de ella para transportación, jugar con mis amigos, ir a la tienda e ir de visitas al parque. Fernando me dijo que si le entregaba la bicicleta, me daría lo que tenía en el baúl de su auto. Confiaba en mi cuñado, pero rendir mi bicicleta por algo que no había visto no tenía sentido. Mi hermana continuaba insistiéndome a que lo hiciera, asegurándome que no me arrepentiría, pero era una decisión bien difícil para mí.

Al fin decidí confiar en ellos. Fernando abrió el baúl, y había una bicicleta nueva. Mis ojos brillaban de emoción y alegría porque nunca había tenido el privilegio de ser el dueño de una bicicleta nueva. El deseo de quedarme con la bicicleta vieja pronto se evaporó, e inmediatamente el deseo de montar la bicicleta nueva tomó el lugar.

Muchas veces no podemos recibir la bendición de Dios porque estamos tan aferrados en las cosas viejas, pensando que son las mejores. Sin embargo, el Señor quiere que rindamos nuestras posesiones materiales, los entretenimientos y las actividades que limitan recibir algo mejor. Muchas veces hemos escuchado a personas decirnos que busquemos de Dios y le rindamos nuestras finanzas y posesiones, pero se nos hace difícil confiar en Él y soltar lo que tenemos.

Abraham era un hombre de fe y confió plenamente en Dios, demostrado en su voluntad de sacrificar a su único hijo, Isaac (Génesis 22). Pero Dios solo estaba probando a Abraham y envió a un ángel para detener el sacrificio. Debido a su obediencia, Abraham fue bendecido en todas las áreas de su vida, y su descendencia fue grande.

Dios debe tener el primer lugar en nuestros corazones para que sus bendiciones y planes puedan ser vertidos en nuestras vidas. El Señor nos dice que busquemos primero Su reino y justicia para que lo demás sea añadido (Mateo 6:33). Las posesiones son valiosas mientras nos dirijan al Creador. Cuando las posesiones comienzan a cambiar la perspectiva de nuestra relación con Dios, es tiempo de ponerlas a un lado y reenfocarnos en las cosas que en realidad tienen valor ante el Señor.

Las riquezas pueden traer peligros. Nos puede hacer arrogantes y hacernos creer que somos mejores que otros. Podríamos pensar erróneamente que valemos más que otros porque tenemos acceso a facilidades que otras personas no tienen. Podríamos desarrollar una seguridad falsa, pensando que la encontraremos en las riquezas en vez de en Dios.

Pablo le encarga a Timoteo que advierta a los ricos a no ser arrogantes y a no poner la esperanza en las riquezas inciertas (1 Timoteo 6:17-19). En nuestros tiempos, se habla mucho de invertir en el retiro y en negocios que pueden asegurar las finanzas durante los últimos años de nuestras vidas. No hay nada malo en esto, pero el peligro es que el afán y la preocupación que fomenta debido a la inestabilidad de la bolsa de valores, nos roban la paz y cambia nuestro enfoque de las verdaderas prioridades y valores eternos. Entre los años de 2008 y 2009, muchos inversionistas perdieron miles de millones de dólares. Algunos se quitaron la vida porque no eran tan millonarios como antes. Su enfoque al dinero les llevó a la ruina, no tanto material sino a la espiritual.

El joven rico descrito en Lucas parecía ser un hombre recto quien obedecía la ley de Dios, pero Jesús conocía su corazón. El Señor le dijo que vendiera todo lo que tenía, lo repartiera a los pobres, y le siguiera para que tuviera tesoro en el cielo. Pero la confianza de este joven en Dios no era suficiente, y no pudo hacerlo porque el valor por sus posesiones era mayor (Lucas 18:30).

Nuestra vida no consiste de nuestras posesiones (Lucas 12:15). Por eso, los que tengamos riquezas, debemos seguir el consejo de Santiago a ser felices cuando Dios nos humille, porque las riquezas no duran (Santiago 1:9-11). Nuestro enfoque debe de ser regocijarnos y darle a Dios la gloria en todo.

Habacuc tenía sus prioridades a la perspectiva de Dios. Él no perdió su gozo por las circunstancias ni por la escases de provisiones (Habacuc 3:17-19). Las riquezas nos pueden robar la paz y el sueño si Dios no está en control (Eclesiastés 5:12).

Porque todo el que quiera salvar su vida, la perderá; y todo el que pierda su vida por causa de mí, la hallará. Porque ¿qué aprovechará al hombre, si ganare todo el mundo, y perdiere su alma? ¿O qué recompensa dará el hombre por su alma?

—Mateo 16:25-26

El deseo de Jesús es hacernos Sus discípulos, y no meros creyentes, para que podamos compartir Su Palabra y Su carácter. Cuando Dios no es nuestro enfoque primordial, quiere decir que tenemos otra prioridad por encima de Él. Esta prioridad puede ser la familia, el trabajo, sueños o posesiones. Cristo debe de tener el primer lugar en nuestras vidas; de otro modo, no podremos ser libres y hacer Su voluntad (Lucas 14:25-33). La avaricia nos puede llevar tan bajo y destituirnos de la gloria de Dios, como le sucedió a Judas Iscariote. Judas fue uno de los discípulos de Jesús, pero el amor al dinero abrió una puerta para que Satanás lo convenciera a entregar a Cristo por treinta monedas de plata (Mateo 26:14-16, 47-50). Dios es el dueño de todo. Él es el Creador de todo, y solo somos sus mayordomos. Como tal, no podemos pretender que estamos en control del futuro y, mucho menos, de nuestras finanzas. Nada nos pertenece, y las bendiciones que recibimos necesitan ser administradas en la forma de Dios. El deseo de Dios no es que solamente tengamos suficientes recursos para sobrevivir, pero que también tengamos suficiente para alimentar al necesitado, cuidar de las viudas y los huérfanos, y ayudar a nuestra iglesia local con nuestros diezmos y ofrendas.

¿Qué son los diezmos y ofrendas? El diezmo es la décima parte de nuestros ingresos. Dios nos pide que le probemos en esto para que podamos ser bendecidos más allá de la necesidad. La Palabra nos dice que esa parte, el diezmo, le pertenece a Dios (Malaquías 3:6-12). Dios no necesita nuestro dinero, pero cuando damos el diezmo a la iglesia local, permitimos a nuestros líderes espirituales a recibir un salario mientras cuidan del pueblo y expanden el reino de Dios.

Las ofrendas, por otro lado, van más allá del diezmo y ayuda a sostener otras obras, ministerios y al necesitado. Pablo anima a la iglesia de Corinto que continuaran con su deseo de sostener sus hermanos en la fe. No era para que fueran estrechados al punto de quedar en necesidad, sino para animarles a que dieran de su abundancia para ayudar a cubrir las necesidades de los que eran menos afortunados. El deseo de Dios es que seamos bendición los unos a los otros, porque somos iguales delante del Señor (2 Corintios 8:13). Siendo rico, Jesús se hizo pobre para librarnos de toda maldición, incluyendo la financiera.

Una de las leyes universales de Dios es que toda siembra resulta en la producción de fruto. Cada buena semilla que plantamos primero muere, luego germina, y finalmente se multiplica. Similarmente, cada semilla plantada para el reino de Dios se multiplicará en grandes bendiciones físicas, espirituales y financieras, no solamente para el que la recibe, pero particularmente para aquellos que siembran la semilla.

Dios me ha bendecido de una manera extraordinaria a través de mi vida. A pesar de las dificultades, nunca me ha faltado el pan de cada día. Dios ha sido fiel, y he confirmado que Él no miente. La verdad de Su Palabra ha sido revelada en mi vida día tras día. Así como he podido ser de bendición para otros en necesidad, el Señor me ha devuelto las bendiciones, no solo en lo financiero, sino también en todas las áreas de mi vida y mi familia.

Algunas veces pensamos que si solo pudiéramos ganar la lotería, pudiéramos apoyar al ministerio y cuidar de las personas en necesidad. ¿Pero, daríamos todo a los pobres, o lucharíamos para poder dejar las riquezas, como el joven rico de las Escrituras? En el libro de Proverbios, el escritor, Agur, menciona su temor de caer en vanidad o en blasfemia al tener demasiado o no tener lo necesario (Proverbios 30:8-9). El Señor quiere que sus bendiciones rebalsen nuestros vasos, pero Él también conoce nuestros corazones y cuánto podemos manejar.

No permitas que las posesiones controlen tu vida y pierdas la perspectiva de la más grande bendición que existe: el amor y la redención de Cristo Jesús. Se contento en todo, sin importar las circunstancias (Filipenses 4:11). Ni las posesiones o las relaciones personales te podrán dar el contentamiento que deseas. El contentamiento solo se encuentra en Dios (1 Timoteo 6:6). Cuando tu libertad está en Jesús, tu grado de prosperidad financiera no importa. Tu gozo será constante y mayor que cualquier circunstancia.

Preguntas para Meditar

1. ¿Sientes que trabajas para vivir o vives para trabajar?
2. ¿Cómo podrías ser bendecido en todas las áreas de tu vida?
3. Ahora que conoces la ley de la siembra y la cosecha (diezmos y ofrendas), ¿estás dispuesto a confiar tus finanzas a Dios?
4. ¿Qué es lo más importante para ti? Si no es Dios, ¿qué puedes hacer para que Él sea primero en tu vida?
5. Piensa cómo te sentirías si de momento perdieras todas tus posesiones. ¿Estarías todavía con gozo? ¿Qué podrías hacer para mantener tu gozo en medio de las pruebas y la escasez?

Capítulo 6
Mi libertad no está en las circunstancias

Ayer es el pasado, mañana es el futuro, pero hoy es un regalo, por eso se llama el presente.

—Bil Keane

Vence el Rechazo

Y estas señales seguirán a los que creen: En mi nombre echarán fuera demonios; hablarán nuevas lenguas; tomarán en las manos serpientes, y si bebieren cosa mortífera, no les hará daño; sobre los enfermos pondrán sus manos, y sanarán.

—Marcos 16:17-18

Los grandes inventos del mundo en la medicina, agricultura, y la educación se han realizado por la necesidad y las circunstancias. Cuando Dios es el enfoque de nuestras vidas y estamos haciendo Su voluntad, Él usa las circunstancias para desarrollar nuestra madurez espiritual, para ayudarnos a crecer en la fe, y para darnos enfoque en Su propósito.

¡Sacude los problemas!

Podemos aprender mucho de la vida del apóstol Pablo acerca de cómo él manejó las circunstancias. Hechos 28:4-6 nos muestra un gran ejemplo. Pablo se encontraba en la isla de Malta luego de haber naufragado el barco que lo llevaba rumbo a ver al César en Roma. Estaba echando leña al fuego cuando una serpiente le atacó. Los nativos pensaban que ya Pablo "estaba frito" y que "había nadado tanto para morir en la orilla", pero para su sorpresa, él simplemente sacudió el problema—literalmente.

Por dondequiera que Pablo iba, era perseguido y amenazado de muerte. Fue encarcelado, le dieron latigazos y fue apedreado. Además, luchó con el aguijón desconocido mencionado en 2 Corintios 12. Sin embargo, toda lucha y rechazo no desanimó a Pablo, porque el Espíritu Santo le dio ese poder para cumplir la obra del Señor a pesar de las circunstancias. De hecho, durante su vida, guió a miles de personas a los pies de Cristo.

Nuestra reacción al rechazo no es usualmente como la de Pablo. Tendemos a culpar a los que nos rechazan, pero debemos guardarnos en contra de esto. De otra manera, fomentaremos ataduras tanto en nosotros como en los que nos han rechazado. La ruta a la libertad es perdonar a otros y buscar el perdón de Dios por cualquier transgresión que hayamos cometido durante una circunstancia. Si rechazamos a las personas que nos han herido, sus corazones se endurecerán, y esto no es la voluntad de Dios. Él quiere que les recibamos con amor.

Jesús tenía discípulos que le volvían loco: "¡hasta cuando os he de soportar!" (Marcos 9:19). Tenía discípulos como Pedro el bocón; Judas el ladrón; Simón el Cananista, el cual era revolucionario; y Mateo el estafador. Como Jesús, a veces recibiremos el beso de Judas. Durante esos momentos, el diablo nos tentará a que abandonemos la obra o a que dejemos la iglesia. Pero tenemos que acordarnos que la serpiente siempre lucha por colgarse de nuestras manos para evitar que las utilicemos en la obra del Señor. Quizás tenemos amigos no creyentes que nos tratan mejor que algunas personas de la iglesia. Si agarramos la carnada del diablo, nos preguntaremos si en realidad vale la pena seguir peleando la buena batalla. Pero como Cristo, ¡rechacemos esas tentaciones y levantémonos para ser más que vencedores! En Isaías 53:3, el profeta dijo que Cristo fue "despreciado y desechado entre los hombres, varón de dolores, experimentado en quebranto; y como que escondimos de él el rostro, fue menospreciado, y no lo estimamos." Jesús lo sobrevivió todo, y nosotros también podemos sobrevivir.

No tienes que defenderte de los que te atacan. ¡Cuando te muerdan las serpientes, simplemente sacúdelas! ¡No te van a poder hacer daño, entonces sacude el problema—no importa cuál sea!

Hay personas que no pueden tolerar el primer rechazo y renuncian al ministerio. Son reluctantes a testificar por temor que los envíen a donde no quieren ir o por temor al maltrato. Pero si vas con la verdad en amor y en la voluntad del Padre, y no eres recibido, sacúdete. Si te rechazan en un pueblo, ve a otro, hay suficientes lugares a dónde ir antes que venga Cristo. Si eres rechazado, perdona. Si te echan fuera, sacude el polvo de tus sandalias. Sigue firme y obediente en el Señor.

El amor puede superar el egoísmo, la envidia y todo tipo de rechazo. No importa lo que suceda, continúa amando y perdonando. Si te rechazan por la obra del Señor, la Palabra dice que están rechazando a Dios—no a ti, y serán rechazados ellos por Dios.

Satanás usará el dolor y el rechazo para mantenerte sin hacer la voluntad del Padre. En ocasiones tendrás que pararte firme solo. Entonces, mantente firme y Dios te seguirá usando en una forma grandiosa. El te dará su gracia. Mientras más pienses en el rechazo, más te va a molestar y doler, entonces simplemente pídele al Señor que te cure. No arranques más la llaga, pero deja que el Señor complete la sanidad. Continúa firme, y recuerda, el amor lo puede hacer todo. Las personas, especialmente los que te han rechazado, observarán la manera en que respondes a las pruebas. Cuando respondes con amor a los ataques del prójimo y sacudes al enemigo, todos lo notarán, empezando con Satanás. Nadie podrá derrotarte. Recuerda, Cristo ya derrotó al enemigo, y Dios te ha dado la armadura necesaria para pelear.

Vence Toda Aflicción

Muchas son las aflicciones del justo, pero de todas ellas le librará Jehová.

—Salmos 34:19

La aflicción es angustia moral, quebranto, pena, y tribulación. La persona afligida puede fatigarse emocionalmente y estar congojada. A pesar de estar afligido y en prisión, Pablo escribió cartas de ánimo a las iglesias. Mientras era perseguido por el ejército del rey Saúl, David escribió salmos. En uno de ellos, David menciona que aunque muchas serán las aflicciones, el Señor nos librará de la angustia de la tribulación (Salmos 34:19).

Dios no nos promete que viviremos una vida color de rosa; de hecho, Él dice que enfrentaremos dificultades y sufrimiento. A pesar que hemos sido separados del mundo y llamados para vivir en santidad, todavía vivimos en este mundo de dolor y perversidad. Siempre vamos a enfrentar pruebas, entonces necesitamos aprender a cómo sacar provecho de esas situaciones para crecer. Quizás tendremos que sacrificar muchas cosas, como una posición, salario, posesiones, o relaciones; Sin embargo, Cuando hacemos la voluntad del Señor, tenemos la certeza que la recompensa final será incomparable y superará cualquier recompensa temporera que recibamos en esta vida. A lo mejor has tenido un caminar difícil. Te has esforzado mucho para llegar a donde te encuentras. Dios utilizará tus experiencias y caminar para impactar las vidas de otras personas. Lo que es imposible para nosotros es fácil para Él.

Una vez un hombre fue al doctor a quejarse de un dolor en todo su cuerpo: "Doctor, me toco aquí, y me duele; me toco esta otra parte, y me duele; también me toco aquí, y me duele." Luego de examinar al hombre detenidamente, el doctor le responde: "¡señor, usted lo que tiene es el dedo fracturado!"

Necesitamos el discernimiento de Dios para reconocer las áreas específicas que necesitan sanidad en nuestras vidas. A veces la raíz de nuestro dolor se origina de una fuente que no nos hemos dado cuenta. Por ejemplo, el abuso de un padre o familiar cuando éramos niños puede reflejarse en problemas maritales.

La aflicción puede ocurrir si no estamos haciendo la voluntad del Padre. Quizás nuestro problema es que le hemos dado la espalda al Señor, como hizo el pueblo de Israel. En otros tiempos, cuando el Señor derrama muchas bendiciones en nosotros, caemos en la trampa de pensar que somos autosuficientes. Dios nos quiere guiar, pero dejamos de depender en Él; nos olvidamos de orar por discernimiento espiritual y de este modo nos apartamos de Su protección.

Otra razón para la aflicción es que ocasionalmente tomamos acciones que no son la voluntad de Dios. Luego, cuando nuestra situación no va bien, queremos que Dios nos libre. Sin embargo, Dios podría escoger utilizar el dolor y el sufrimiento para ayudarnos a crecer espiritualmente. Recuerda, el Señor permitió la destrucción de Jerusalén, pero luego la reconstruyó con gozo, paz y bendición.

Las aflicciones son temporales y livianas "porque el Señor no desecha para siempre" (Lamentaciones 3:31-33). Él se duele cuando nos dolemos y quiere que nuestros problemas se acaben. Dios va a tomar esa aflicción y hacerla buena a largo plazo. Jesús cargó con Su cruz porque era temporera y liviana. Él sabía cuál era la voluntad del Padre y enfocó Su vista en la meta y no en la circunstancia.

Habacuc el profeta nos dice que el justo vive por fe (Habacuc 2:4). Por algo la Palabra de Dios nos dice que sin fe es imposible agradar a Dios (Hebreos 11:6). Somos incapaces de ayudarnos a nosotros mismos. Solo la gracia, la fidelidad, la misericordia, y el amor de Dios nos librarán de nuestras aflicciones. Aceptemos que en medio de la desesperación, Dios está cuidándonos, y sus misericordias nos están esperando cada mañana. Tenemos que confesar lo que Dios dice que somos en Su Palabra y no dejarnos guiar por nuestras emociones.

Si estás buscando el rostro de Dios pero no sientes Su presencia, no quiere decir que Él no esté allí a tu lado. A veces Dios permite este sentir para ayudarte a ser más fuerte en Él, confiando que Él está contigo sin importar lo que digan tus emociones. Entonces asienta tu fe y esperanza en el Señor para que Sus promesas sean cumplidas en tu vida (Lamentaciones 3:22-26). Dios está dispuesto a hacer una senda para ti donde piensas que no hay, porque para Dios nada es imposible. Solo tienes que confiar en Él como un niño confía en su papá cuando le lleva de la mano.

El primer libro de Samuel nos dice que Ana no podía tener hijos. Penina, la otra mujer de Elcana, estaba teniendo todos los bebés, entonces Ana le pidió a Dios por un hijo. Ana declaró su fe al Señor y no estuvo más triste. El Señor no solamente le concedió la petición de tener un hijo, sino que Dios lo escogió para ser el gran profeta Samuel. Cuando confiamos en el Señor y nos regocijamos, Él nos bendice por completo.

Dios es misericordioso, y compasivo y ama al que le teme y es humilde. En momentos de prueba es cuando más necesitamos de Él, entonces no es el momento de pensar en tirar la toalla. A lo mejor has buscado significado para tu vida, pero nada ha trabajado. Quizás has tratado drogas, síquicos, otras religiones, y un sin fin de terapias las cuales no satisficieron tus necesidades espirituales. Aunque sea difícil de creer, tus aflicciones y situaciones pudieran ser peor de lo que son, pero la misericordia y compasión de Dios evitarán que tu carga sea más de lo que puedas llevar. Si cargas el yugo con Cristo y dejas que Él te guíe, podrás aprender algo bueno de tus aflicciones (Mateo 11:28-30).

NO PIERDAS TU GOZO

La palabra *gozo* se menciona cincuenta y ocho veces en el Nuevo Testamento. El gozo es uno de los elementos del fruto del Espíritu (Gálatas 5:22) y no depende de las circunstancias (1 Pedro 1:6-8). Los primeros cristianos vendieron todo lo que tenían para compartirlo con otros. Aunque algunos de ellos fueron tirados a los leones, mantuvieron su gozo, reconociendo que estaban muertos a su yo y crucificados con Cristo (Gálatas 2:20). Este tipo de gozo sobrenatural permitió a Pablo y a Silas cantar y alabar luego de haber sido azotados y encarcelados (Hechos 16:25).

El gozo no es una emoción, sino una calidad de vida que se desarrolla obedeciendo a Dios. Cuando buscamos la llenura del Espíritu Santo, el Señor toma control de nuestras vidas y nos da el gozo necesario para combatir toda aflicción. Santiago nos motiva a que tengamos un gozo puro durante las pruebas (Santiago 1:3) entonces, no perdamos nuestro gozo por las situaciones que enfrentemos.

> *Nuestra expectativa debe de ser mayor en nosotros mismos que en las demás personas.*

Necesitamos una mejor expectativa. No todas las personas son consideradas o amorosas. Somos egoístas por naturaleza, y hasta los cristianos nos fallarán. Nuestra expectativa debe de ser mayor en nosotros mismos que en las demás personas.

El caminar con Dios, trabajar en Su obra y vivir piadosamente te promete sufrimiento, engaños, persecución y otras injusticias (1 Pedro 3:14; 2 Timoteo 3:12); pero la Palabra dice que el justo será alegre y gozoso (Proverbios 10:28; Salmo 68:3). Cuando no tenemos gozo, no estamos llenos del fruto del Espíritu, y no estamos actuando correctamente.

Si tu fuente de gozo no es Dios, el diablo te atacará. No te cases o estudies una profesión para encontrar felicidad. Si quieres mantener tu gozo, no permitas que los afanes de la vida te lo roben (Filipenses 4:6-7; Mateo 6:34). Dios te cuidará cuando confíes plenamente en Él (1 Pedro 5:7).

Muchas veces nos frustramos cuando le pedimos algo al Señor pero nuestras peticiones no son contestadas. Probablemente algunas de esas peticiones no nos convienen. Muchas de las cosas que pedimos son simplemente para llenar los deseos de nuestra carne. No permitas que el mundo te ahogue con placeres temporales. Confía en Dios, no te afanes, y espera en Él. Si contesta tu oración, dale gloria a Dios; si no te contesta, dale gloria a Dios.

Cambia la Perspectiva

Necesitamos tener un cambio de perspectiva. En vez de enfocarnos en los problemas, tenemos que enfocarnos en cómo resolverlos. Recibe los problemas como oportunidades de crecimiento. Todos los retos que sobrepases en el ámbito espiritual te ayudarán a crecer (Romanos 8:28).

Una vez los nietos de un señor le jugaron una broma mientras él tomaba una siesta. Le pusieron queso de cabra en el bigote, y cuando se despertó, se dio cuenta que había mal olor en el cuarto. Fue a la cocina a buscar agua y notó el mal olor allí también. Salió al balcón a tomar aire fresco, respiró profundamente y dijo, "¡todo el mundo apesta!" A veces pensamos que todo el mundo apesta y que todos los problemas están a nuestro alrededor, cuando en realidad tenemos que enfocarnos en nosotros mismos para así poder eliminar las dificultades que evitan cambiar nuestra perspectiva.

Por lo demás, hermanos, todo lo que es verdadero, todo lo honesto, todo lo justo, todo lo puro, todo lo amable, todo lo que es de buen nombre; si hay virtud alguna, si algo digno de alabanza, en esto pensad.

—Filipenses 4:8

El mundo siempre está enviando señales de fracaso. Los noticieros dedican alrededor de dos minutos en algo positivo y lo demás a malas noticias. La estabilidad emocional de muchos se deteriora, y el futuro parece más incierto. Pero tenemos que pensar en oportunidades que puedan traer cambios positivos a nuestras vidas. Entonces no nos enfoquemos en las nubes que nos rodean, sino en el sol que siempre brilla en el mismo lugar.

El deseo de Dios es declarar victoria en nuestras vidas y en todo lo que hagamos, pero no lo podemos lograr cuando tenemos una actitud negativa o escogemos enfocarnos en las circunstancias. Buscando la guía del Espíritu Santo, tenemos que remover la basura que recibimos a diario del mundo, nuestros propios pensamientos y los dardos del diablo. Tenemos que renovar nuestras mentes a diario, buscando la perfecta voluntad de Dios (Romanos 12:2).

Es también importante mirarnos como nos mira Dios (Salmos 139). Él conoce todo sobre nosotros y nos creó con un propósito hermoso y triunfador. Algunas veces, sin embargo, tenemos un sentido erróneo de identidad de nosotros mismos. Creemos que no somos las personas que debemos ser, y vivimos atrapados en el pasado. Quizás nos enfocamos en probarles a otros que podemos hacer lo que nos proponemos, siempre buscando el reconocimiento humano y aceptación mientras nos olvidamos de nuestra verdadera identidad en Cristo. Vamos a ser lo que pensamos de nosotros mismos (Proverbios 23:7). Si pensamos que no somos capaces de triunfar, nunca seremos exitosos en la vida. A veces decimos, "no soy inteligente" y de este modo limitamos nuestras oportunidades. Pensamos que la ley de Murphy es nuestro destino: si algo puede salir mal, saldrá mal. Pensamos que no todo lo que Dios ha declarado es para nosotros. Sin embargo, tenemos que sujetar todo pensamiento a obedecer la voluntad de Dios (2 Corintios 10:4-5). El Señor dice que somos nación santa, pueblo escogido por Dios (1 Pedro 2:9), y debemos creerlo. No podemos enfocarnos en nuestras limitaciones. El éxito llega, no de una educación o intelecto, sino del poder del Espíritu Santo y las promesas de Dios. Pero muchas veces limitamos al Señor por nuestra falta de fe.

También nuestra falta de iniciativa y motivación resulta en pereza. La pereza no necesariamente quiere decir falta de trabajo. El problema es que no nos gusta el cambio, y fácilmente nos acostumbramos a la comodidad. Aunque queremos ver un cambio, no queremos tomar las acciones necesarias. Entonces tenemos la audacia de culpar a Dios y hacer excusas, como el hombre que enterró su talento (Lucas 19:11-28). Los ociosos siempre buscan excusas para evitar poner su fe en acción. Justifican sus acciones culpando a los que les rodean o simplemente no aceptan que las promesas de Dios son para ellos también.

Aún en la cárcel, Pablo tenía libertad porque no había perdido su gozo (Filipenses 4:4). En la carta a los Filipenses, él les continúa urgiendo a que no estén afanosos por nada, sino que, en acción de gracias, entregaran todo al Señor para que la paz de Dios reinara en sus corazones (Filipenses 4:6-7).

Nacemos con el instinto de sobrevivencia. Cuando los bebés están aprendiendo a caminar se caen muchas veces, pero inmediatamente se levantan y continúan intentando hasta que sobrepasan el obstáculo. Sería muy cómodo para ellos permanecer sentados en el piso, esperando a que los padres le provean todo y los muevan de lugar en lugar. Pero el mecanismo interno de crecimiento les motiva a levantarse y explorar otras áreas que sentados en el piso o simplemente gateando no podrían lograr.

El error más grande al caer es quedarnos en el piso.

El gran error que podemos cometer es quedarnos en el piso después de caernos. Tristemente, a medida que vamos creciendo, nuestro entendimiento, experiencias y derrotas, comienzan a invadir ese sentido de lucha y esfuerzo, y se nos olvida que los retos son necesarios para ayudarnos a crecer. Pero esto es exactamente la perspectiva requerida cuando nos enfocamos en alcanzar una meta y lograr el éxito.

La segunda carta del apóstol Pedro habla de sufrimiento. Dios no garantiza una vida sin sufrimientos ni retos, pero sí nos promete estar siempre con nosotros y guiarnos por el sendero adecuado si nos tomamos de Su mano.

PERSEVERA

He peleado la buena batalla, he acabado la carrera, he guardado la fe.
—2 TIMOTEO 4:7

Hermanos míos, tened por sumo gozo cuando os halléis en diversas pruebas, sabiendo que la prueba de vuestra fe produce paciencia. Mas tenga la paciencia su obra completa, para que seáis perfectos y cabales, sin que os falte cosa alguna.
—SANTIAGO 1:2-4

> **Más importante que empezar bien nuestro caminar con Dios es terminar bien la obra.**

La perseverancia tiene que ver con firmeza, paciencia, y tenacidad. Perseveramos cuando tenemos fe porque la fe produce paciencia (Santiago 1:3). Nadie puede tener éxito sin perseverar. Más importante que empezar bien nuestro caminar con Dios es terminar bien la obra.

Muchas personas a través de la historia han demostrado los beneficios de la perseverancia. Los esclavos de América perseveraron y eventualmente obtuvieron su libertad. La perseverancia de Cristóbal Colón cambió el mundo. Abraham, Elías, David, y Pablo enfrentaron circunstancias desalentadoras pero perseveraron a través de todas ellas.

Proverbios 13:12 dice que "[l]a esperanza que se demora es tormento del corazón." En estos tiempos, la impaciencia y el deseo por resultados rápidos saturan nuestra sociedad. Queremos que todo cambie instantáneamente. Pero Dios usualmente no trabaja a velocidad de microonda o a estilo de servi-carro. Cuando esperamos en Dios, debemos tomar ventaja de ese tiempo y mantener nuestra esperanza mientras nos moldea. Ese es el tiempo de meditar en Su Palabra, buscar Su presencia, y declarar victoria a través de la fe. Nuestro testimonio y aplicación de la Palabra de Dios eventualmente va a romper con todo desánimo. Necesitamos ser esforzados y valientes, aún en medio de la prueba, porque el Señor siempre estará con nosotros (Josué 1:9).

¡LEVÁNTATE!

El paralítico de Betesda estaba enfermo por treinta y ocho años, sin poder moverse esperando a que llegara su milagro. Este hombre estaba enfocado en un evento especial, no en lo que Dios podía hacer por él. En Su misericordia, Jesús le pregunta si quería ser sano; pero el hombre, en vez de reaccionar en fe, comenzó a describir sus obstáculos (Juan 5:1-9). El cojo que Pedro sanó también recibió el llamado de levantarse (Hechos 3:1-10). En ambos acontecimientos, ambos paralíticos tuvieron que mirar hacia arriba y responder al llamado.

En vez de quejarnos por nuestras circunstancias, nosotros, también, debemos enfocarnos en el Señor y tomar acción, recordando las promesas que Dios ya ha declarado en Su Palabra. El desánimo, la depresión y la conmiseración nos paralizan. El Señor quiere que seamos sanos, pero quiere que tomemos la iniciativa, y confiemos en Él. Jesús le dijo al paralítico que se levantara. ¡Nosotros, también, debemos enfocarnos en Él, declarar sanidad y levantarnos!

Preguntas para Meditar

1. Jesús experimentó el rechazado. ¿Cómo puedes sobrepasar el rechazo?

2. Grandes hombres de la Biblia sufrieron desánimo y aflicción ¿Cuando estás en una prueba, qué pasos puedes tomar para mantener todo en perspectiva y la mirada en Dios?

3. La perseverancia prueba nuestra dependencia en el Señor ¿Cómo puedes disfrutar tu caminar con Dios mientras esperas por el milagro que necesitas?

4. ¿Cómo puedes mantener tu mirada en Dios y asegurarte que termines bien la obra?

5. ¿Estás desanimado porque el Señor no contesta tus peticiones y no ves Su mano en tu vida? Pídele a Dios que te ayude a mirar más allá de las circunstancias y te ayude a depender de Su gozo y paz. Quizás la siguiente oración te ayude a superar las aflicciones y a confiar más en Él:

Yo no puedo llevar la carga solo, Señor. Te rindo mis aflicciones y preocupaciones. Quiero quitar mi vista de los problemas y ponerlos en ti. Eres fiel, compasivo, y amoroso. En ti confía mi corazón. Que tu perfecta voluntad sea hecha en mi vida.

Mi corazón se regocija en ti. Gracias por sanar mis heridas, oh Dios. Gracias por morir en la cruz por mis pecados y mis enfermedades, Cristo Jesús. Sé que soy especial para ti y que nunca me desampararás. Eres mi esperanza y mi refugio. Fijo mi vista en ti y no en los problemas. Gracias por el gozo de tu salvación. Amén.

Capítulo 7
Mi libertad la encuentro aceptando a Dios como Señor

Todos queremos ser bendecidos y disfrutar de la libertad que Dios nos ofrece. Sin embargo, no podemos reclamar los beneficios sin aceptar el Señorío de Dios. Tenemos que poner la esperanza en el Señor y no en las cosas, ni en la esposa, ni en la gente de la iglesia, ni en los talentos, ni en la experiencia.

Una verdadera relación con Dios

Así que, hermanos, teniendo libertad para entrar en el Lugar Santísimo por la sangre de Jesucristo.
—Hebreos 10:19

Cuando venimos a Cristo, naturalmente queremos sentirnos parte de una congregación. Algunos lo queremos hacer imitando los ademanes y comportamiento de otros. Comenzamos a enfocarnos en la forma que vestimos y hablamos, y en costumbres y ritos. Todo esto puede traer uniformidad, pero no unidad ni relación con Dios. La religión, los ritos, y estar ocupados en el ministerio no nos hace libres.

Necesitamos un encuentro con Dios y una relación continua con Cristo para poder lograrlo.

No es saber sino vivir.

Jesús no nos pidió que hiciéramos religión sino que tengamos una íntima relación con Él. No es saber sino vivir (Juan 4:23, Mateo 23:3). Sí, necesitamos aprender de nuestros líderes, pero es importante que escudriñemos las Escrituras por nosotros mismos. Necesitamos discernir de acuerdo a la Palabra.

Es parte de la naturaleza humana tener todo bajo control, como si viviéramos dentro de una caja con reglas claras. La mayoría del tiempo, sin embargo, esta forma de pensar resulta por tratar de evitar la necesidad de mantener un constante caminar con el Señor. Pero nuestro caminar con Dios conlleva mucha incertidumbre y demanda una total dependencia en Él. Esta es la única manera de evitar encajonar a Dios con nuestras reglas y encontrar la verdadera libertad que deseamos.

Necesitamos rendirnos por completo a Él. Nuestra relación y adoración a Él no puede ser limitada al templo o eventos especiales (Juan 4:24). La mejor forma de comenzar y terminar el día es adorando a Dios, no solamente alzando nuestro canto de amor sublime, sino también a través de nuestras buenas obras en Su nombre. Necesitamos un caminar íntimo y diario con Dios, buscando una conexión espiritual con Él. El espíritu que vino a residir en nosotros cuando aceptamos a Cristo en nuestro corazón es el vehículo para recibir discernimiento, sabiduría, libertad y el fruto del Espíritu (2 Corintios 3:17; Gálatas 5:22-23).

Esclavo de Jesús

Porque el que en el Señor fue llamado siendo esclavo, liberto es del Señor; asimismo el que fue llamado siendo libre, esclavo es de Cristo.

—1 Corintios 7:22

Es difícil para una persona que ha estado en prisión por muchos años ajustarse e integrarse nuevamente a la sociedad. Muchas batallan con este cambio, y algunos, desafortunadamente, vuelven a cometer crímenes. Inconscientemente están buscando la seguridad que sentían en la cárcel.

Nuestro ser pecaminoso se inclina al pecado (Juan 8:33-36), pero Cristo vino para hacernos libres de todo yugo de esclavitud (Gálatas 5:1). No podemos ser esclavos de dos dueños: del pecado y de Cristo Jesús. Pero Jesús nos redimió, y si lo hemos hecho nuestro Señor, tenemos que ser firmes en Él. Somos sus esclavos, reconociendo que hemos sido sellados con el poder del Espíritu Santo. El diablo no nos puede tocar.

La llave para nuestra liberación de la esclavitud del pecado es nuestra muerte con Cristo "[p]orque el que ha muerto, ha sido justificado del pecado" (Romanos 6:7). Ya que nuestro viejo hombre está muerto, el pecado ya no es nuestro amo sino Cristo Jesús. Éramos esclavos del pecado según nuestra vida pecaminosa en la carne, pero ahora somos libres comprados y redimidos por la sangre preciosa de Jesús (Gálatas 4:21-23; Gálatas 5:1). Nuestras vidas ahora le pertenecen a Dios (Jeremías 10:23), y nosotros determinamos si el pecado reinará en nuestros cuerpos o no. Debemos presentarnos como instrumentos de justicia en vez de pecado e injusticia.

Como hijos de Dios, debemos cerrar las puertas de nuestras mentes y corazones hacia el pecado, rechazando cada tentación y dando gracias al Señor por ayudarnos a no caer en tentación (Romanos 6:12). Cuando estábamos en el mundo, estábamos perdidos y sin esperanza, pero ahora debemos radiar el amor de Dios. Antes de conocer a Cristo, no teníamos paz ni armonía espiritual y nos enfrentábamos con solo problemas y desilusiones. Pero ahora, la paz y el amor de Dios siempre debe acompañarnos y debemos compartirlo con los demás (Efesios 5:8). Como cristianos, debemos mostrar dominio propio y proveer un ejemplo digno. Debemos controlar nuestras emociones porque Dios y otras personas están observando nuestro comportamiento (1 Corintios 15:34).

Autosuficiencia y Rebeldía

Digo, pues, por la gracia que me es dada, a cada cual que está entre vosotros, que no tenga más alto concepto de sí que el que debe tener, sino que piense de sí con cordura, conforme a la medida de fe que Dios repartió a cada uno.

—Romanos 12:3

La autosuficiencia nos roba la templanza y desarrolla rebeldía. Nuestro conocimiento es muy limitado, y muchas veces hacemos decisiones de acuerdo a nuestro conocimiento social, político o cultural. Pero en tierras en donde no hay dependencia en Dios, una cultura entera puede perecer.

El Señor estaba listo para dejar entrar a Su pueblo a la tierra prometida, pero la falta de dependencia en Él resultó en una actitud de rebeldía que se levantaba entre ellos. Cuando dependemos de nuestra suficiencia, nuestro éxito será limitado y los resultados favorables serán pocos y temporeros. Cuando dependemos de Dios, sin embargo, veremos Su mano poderosa obrar en nuestras vidas.

Cuando Moisés envió los doce espías a explorar la tierra de Canaán, diez de ellos pusieron sus ojos en lo que ellos eran capaces de hacer y no en lo que Dios podía hacer. El resultado fue que, con excepción de Josué y Caleb, todas las personas que vieron la gloria de Dios, las señales que Él hizo en Egipto y en el desierto, murieron en el desierto por su rebeldía (Números 14:22-35). Esta es solo una ocasión en las Escrituras de un aparente ciclo interminable de bendición y destrucción en la historia del pueblo judío. Dios trae bendición al pueblo, el pueblo se olvida y se rebela, el juicio de Dios cae sobre ellos, el pueblo se arrepiente, y Dios en su misericordia vuelve a fluir bendición.

Es imprescindible siempre dar la gloria y honra a Dios. Sin embargo, nuestro ser pecaminoso es ingrato, y fácilmente nos olvidamos de todo lo que el Señor ha hecho por nosotros. No hay duda en mi corazón que el Señor quería que Su pueblo celebrara los eventos ordenados en la ley para que no se olvidaran de dónde venía su refugio, salvación y bendición. Similarmente, Dios nos pide que llevemos Su Palabra en nuestros corazones, para que siempre dependamos de Él, y no nos apartemos de sus bendiciones (Josué 1:8; Deuteronomio 6:6-9). Entonces evitemos el círculo vicioso de la autosuficiencia y la rebeldía. No esperemos a que la gloria de Dios y sus bendiciones se aparten de nuestro lado antes que nos arrepintamos de nuestras rebeldías y la falta de dependencia en el Señor.

Si Jehová no edificare la casa, en vano trabajan los que la edifican; si Jehová no guardare la ciudad, En vano vela la guardia.

—Salmos 127:1

Es más fácil remover un pecado que cambiar nuestra actitud. La actitud es una condición del corazón, el cual es parte de nuestro estilo de vida, y es la diferencia entre el éxito y el fracaso. Nuestra actitud determinará si el conocimiento que hemos obtenido de la Palabra será impregnado y desarrollado en nuestros corazones o no será usado.

Las acciones revelan las actitudes. La actitud de un hijo será reflejado en la forma en que cumple las responsabilidades de la casa, la escuela, como también en las interacciones con los padres. Los jóvenes rebeldes engañan a sus padres sin importar las consecuencias. Están desesperados por tener "libertad," pero terminan sin privilegios, porque, como dice el refrán, "la mentira siempre tiene patas cortas, y la verdad siempre la alcanza."

En la segunda carta a Timoteo, Pablo dijo que en los últimos días, habrán hijos desobedientes, ingratos e impíos (2 Timoteo 3:1-7). Padres, oren a Dios por sus hijos. Joven, si tienes padres y eres desobediente y no les honras, te pido que rindas tu rebeldía a Dios, porque Él detesta la desobediencia. El Señor coloca la rebelión al mismo nivel que la adivinación y desecha a toda persona con esta actitud (1 Samuel 15:23).

Muchas veces cuando personas no se esfuerzan en lo que hacen, es porque se están rebelando contra las personas que asignaron las tareas. Repiten sus acciones con la intención de oprimir la autoridad, pensando que en cualquier momento, la autoridad va a ceder. Lo gracioso del caso es que, cuando son ignorados, tarde o temprano deciden cambiar su comportamiento. Sin embargo, esto no quiere decir que han sanado la condición del corazón. La rebeldía sin tratar será reflejada nuevamente en otras áreas o en contra de otras personas. Extraordinariamente, las personas rebeldes y orgullosas tienen la audacia de usar la Palabra de Dios para justificar su rebeldía. Pero la rebeldía no es por falta de conocimiento sino por falta de obediencia.

La razón principal que María y Aarón, los hermanos de Moisés, murmuraron y se quejaron no fue porque Moisés se había casado con una mujer cusita, sino porque tenían celos y envidia de su posición. Pensaban que sus contribuciones no habían sido tomadas en cuenta. En esta ocasión, Dios probó cuánto repudia la murmuración. María fue castigada con lepra y fue sanada solo por la intercesión de Moisés y la misericordia de Dios (Números 12:1-15).

Para sorpresa de muchos, María no era neófita en la Palabra y el conocimiento de Dios. Ella cuidó de Moisés mientras la canasta que lo llevaba flotaba en el río, y le sugirió una nodriza a la hija del faraón para cuidarle. Después que el pueblo de Dios cruzó el mar rojo, María compuso una canción de victoria al Señor. La hermana de Moisés era madura en la Palabra y conocía muy bien los mandatos de Dios. Pero no importa cuánto conocemos del Señor y Su Palabra. Como María, tenemos que guardar nuestros corazones y nuestras palabras (Proverbios 4:23). De otra manera, si no somos controlados por el Espíritu, los deseos de la carne nos destruirán.

Para probarnos e incrementar nuestra confianza en Él, algunas veces Dios usa a otros para revelarnos cambios que tenemos que hacer en nuestra rutina. Sin embargo, nuestro conocimiento humano a veces rechaza el consejo que nuestros líderes espirituales u otras personas pueden proveer, y terminamos en peor situación. Cuando Pablo fue enviado a Roma, el Espíritu Santo le reveló que la embarcación iba a naufragar. El centurión a cargo de la nave reusó aceptar la advertencia de Pablo; solo estaba enfocado en su conocimiento y experiencias pasadas. Pero así como Pablo le había advertido, la tempestad destruyó la embarcación (Hechos 27:10-11). Dios no trabaja basado en parámetros humanos. Él siempre nos da la oportunidad de depender en Él y recibir sus bendiciones.

Jacob había sido escogido por Dios desde el vientre de su madre para cumplir la promesa que le había hecho a Abraham de multiplicar y bendecir sus generaciones. Jacob creció en un hogar en donde Dios era su guía y dependencia. A pesar de las promesas de Dios, Jacob fue impaciente y manipuló a su hermano para obtener el derecho de la primogenitura. Como resultado de sus acciones, Jacob tuvo que resistir años de derrotas, desánimos, y errores para darse cuenta que no podía conseguir la victoria y la bendición por sus propias fuerzas. Necesitaba rendir su vida, quebrantarse, y aprender a cómo depender totalmente de Dios para que la bendición pudiera ser permanente en las generaciones posteriores (Génesis 32:24-31).

Vanidad

Salomón nos dice en Eclesiastés que todo es vanidad (Eclesiastés 12:8). Quiere decir que no hay nada en este mundo que pueda satisfacer el vacío en nosotros. La vanidad nos aparta del plan perfecto de Dios, nos envuelve en buscar los deseos personales, y finalmente nos destruye. La vida es una monotonía cuando llevamos vidas ordinarias buscando solo posesiones materiales. Muchos de nosotros es lo que hacemos, dedicando nuestras fuerzas para satisfacer los deseos temporeros. Sin embargo, al adquirir esos deseos, nos damos cuenta que no son suficiente para llenar nuestro vacío. Pero cuando Cristo es el centro y el propósito de nuestro ser, descubrimos una mejor y extraordinaria vida de propósito.

Ociosidad

También os rogamos, hermanos, que amonestéis a los ociosos...
— 1 TESALONICENSES 5:14

La ociosidad nos esclaviza. Desafortunadamente, muchos en la nueva generación esperan que todo se le entregue en la mano. Quieren que sus padres le paguen la universidad, costo de transportación, entretenimiento, lujos, y otras cosas similares. Muchas personas en esta nación demandan que el gobierno le provea alimentos, casa, y todas las necesidades.

¡Pero gracias a Dios por todos los jóvenes que han decidido no conformarse con el mundo, reprendiendo todo espíritu de ociosidad fuera de sus vidas! Estos son los jóvenes que contribuyen con la familia y las responsabilidades del hogar sin esperar a que le pregunten. Los entretenimientos y la red de internet no son su prioridad sino el Señor, Su obra, y los sueños que Dios ha puesto en sus corazones. Dios no busca ociosos para Su obra, sino personas que han demostrado el deseo de servir a otros. Jesús llamó a personas ocupadas para hacerlos sus discípulos. Estas personas entienden que el trabajo es honroso y nos mantiene en continuo desarrollo.

Tenemos ya más de dos generaciones que han crecido dependiendo del gobierno sin deseos de trabajar. Bajo el Presidente Franklin D. Roosevelt, el acta del seguro social fue implementada en el año 1935. También se han implementado varios programas de bienestar público. Aunque millones de familias en nuestra nación han recibido la ayuda necesaria para suplir sus necesidades y salir adelante, muchos otros han crecido dependiendo totalmente de los beneficios del gobierno. Como resultado, su interés y deseo de progresar se ha apagado.

La pereza nos esclaviza; nos hace depender de las personas a nuestro alrededor. Pablo le comunicó a la iglesia de Tesalónica que el que no trabajara que no comiera (2 Tesalonicenses 3:10). La pereza no solamente nos convierte en parásitos de la sociedad sino también nos lleva a caer en murmuración, celo, y en asuntos que no son fructíferos (2 Tesalonicenses 3:11). Las malas conversaciones solo contribuyen a eliminar los buenos hábitos (1 Corintios 15:33), entonces nuestras palabras siempre deben ser fructíferas, proveyendo el sabor espiritual, como la sal (Colosenses 4:6).

Todos tenemos libre albedrío, pero así como Adán acusó a Eva, y Eva a la serpiente (Génesis 3:12-13), tendemos a culpar a otros por nuestros problemas. Algunos llegan al nivel de culpar a las compañías por su obesidad y sus enfermedades. Hasta que no aceptemos responsabilidad por nuestras propias decisiones, continuaremos justificando nuestras acciones y culpando a los demás. Continuaremos atados a la ociosidad, y siempre vamos a estar faltos de dominio propio. Esta actitud nos convierte en parásitos, y es una de las estrategias primordiales del diablo para arruinarnos y removernos de nuestra familia y de la sociedad en general. La ociosidad también nos puede llevar a caer en pecado sexual y a la criminalidad, como fue el caso del rey David. Cuando se quedó en la casa en vez de ir a pelear con sus hombres, pecó con Betsabé y envió a asesinar a su esposo Urías (2 Samuel 11-12:25).

Sexualidad

A muchas personas no les gusta hablar de sexualidad. Tratan de evitarlo y se ponen rojos cuando escuchan el tema. Sin embargo, debemos ser honestos y hablar la verdad en cuanto al sexo. Debido a que esta área de nuestra vida causa grandes problemas, dedicaré esta sección del libro para discutirlo. La pureza sexual es mucho más que evitar fornicación; comienza en nuestros pensamientos. En 1 Tesalonicenses 4:3-6, Pablo dice que "la voluntad de Dios es vuestra santificación; que os apartéis de la fornicación".

El sexo es hermoso y es regalo de Dios, pero Satanás lo ha distorsionado para pervertir al mundo y alejarnos de Dios. Muchos hombres no se sienten ser hombres hasta encontrar una mujer con quién tener sexo. Muchas mujeres sacrifican su pureza en busca de alguien que les ame. Bebés son abortados diariamente, la consecuencia de una pasión sexual desenfrenada. La radio y la televisión están llenas de referencias sexuales, directa o indirectamente. El mal uso del sexo está destruyendo a la humanidad.

Todo lo que Dios creó es bueno, pero cuando el hombre abusa de las intenciones originales, resulta en destrucción. En la sexualidad humana, Dios creó el sexo para la procreación, para expandir Su imagen por todo el mundo; es también la inauguración del pacto matrimonial. Dios nunca ha tolerado la inmoralidad sexual. De hecho, en Israel, era castigada con la pena de muerte (Deuteronomio 22). ¡Hoy en día, sin embargo, si una mujer es virgen, otros se ríen de ella! Pero la castidad antes del matrimonio es un acto de consagración, y el acto del matrimonio es otra forma de consagración. La pareja en el matrimonio hace un compromiso de pertenecerse el uno al otro. En los ojos de Dios, el matrimonio es la única forma de satisfacción sexual.

Dios nos creó al hombre y a la mujer para que se complementaran. Adán entendió que Eva había sido creada para él y él para ella (Génesis 2:23). Cuando hacemos algo de acuerdo al plan de Dios, vamos a disfrutarlo en grande; sin embargo, cuando actuamos en contra de Su voluntad, resultará en circunstancias graves. Por ejemplo, muchos hombres piensan en el sexo como nada más que un instinto animal. Cuando tienen el deseo, buscan por una hembra. Luego, la dejan y continúan su vida como si nada hubiera pasado, totalmente sin tomar en cuenta los sentimientos de la mujer. Tristemente, muchos de la generación de hoy siguen los ejemplos trazados por la televisión y películas seculares.

La iglesia de Corinto estaba sumergida en una cultura de inmoralidad sexual. En el monte de la ciudad se encontraba el templo dedicado a Afrodita, la diosa del amor. Este templo tenía mil prostitutas consagradas disponibles para los hombres que visitaban el templo. En 1 Corintios 5, leemos que un hombre de la iglesia de Corinto tuvo relaciones con su madrastra. Un capítulo luego, en 1 Corintios 6:8-11, Pablo les recuerda que habían sido lavados y santificados por la sangre de Cristo. Él le explicó que Dios tiene reglas que gobiernan cómo usamos lo que se nos ha dado (1 Corintios 6:12) —incluyendo el sexo.

> *Libertad nunca es hacer lo que queremos hacer sino hacer lo que debemos hacer.*

El sexo es una pasión legítima, y si oramos para que Dios lo remueva de nuestras vidas, entonces estamos orando para no ser humanos. Pero el sexo no fue hecho para dominar nuestras vidas. Libertad no es hacer lo que queremos hacer, sino hacer lo que debemos hacer.

Todos sabemos que caminar en el aire es imposible; es algo solo visto en las caricaturas animadas. Si tratamos de hacerlo, pronto nos vemos de cara en el piso debido a la ley de gravedad. El Señor ha establecido reglas en todas las áreas de la vida, incluyendo la sexualidad. El sexo es para ser disfrutado siempre y cuando sea dentro de las reglas que Él ha establecido.

Los corintios eran parte del mundo pagano griego. Ellos pensaban que lo espiritual y lo físico estaban en dos niveles completamente diferentes. Creían que podían hacer lo que quisieran con el cuerpo sin afectar el espíritu. Como cristianos, sabemos que no es cierto. No podemos adorar a Dios el domingo y tener relaciones inmorales el lunes, porque nuestro espíritu y cuerpo le pertenecen a Dios. Ser cristiano va más allá de asistir a la iglesia los domingos y cantar coritos. El reto es usar nuestra fe para controlar las pasiones de nuestra vida.

El sexo nos rodea a diario, pero tenemos que resistir las tentaciones. Necesitamos huir de la fornicación (1 Corintios 6:18) y de las pasiones juveniles (2 Timoteo 2:22). Necesitamos huir, como José hizo en Egipto cuando la esposa de Potifar trató de seducirlo (Génesis 39:5). A pesar que José venía de una familia con problemas, sabía cómo controlarse y buscar del Señor. Esto es importante recordarlo porque algunas veces tenemos la impresión de que si nuestros padres o parientes actuaron de cierta manera, nosotros también tenemos que hacerlo. Pero no es verdad; podemos y debemos romper con esa maldición.

La esposa de Potifar se sentía sola (Génesis 7:9) y quería que José le resolviera el problema. Pero José sabía que estaría pecando contra Dios si se sometía a sus demandas. José no trató de aconsejarla—él corrió de ese lugar. ¡Cuidado! El enemigo buscará la forma de tentarte, entonces corre de ese tipo de situación. No estés solo con una persona del sexo opuesto, ya estés casado o soltero. No es cobardía correr de la tentación, sino sabiduría. Desafortunadamente, muchos cristianos han ignorado estas advertencias y han traído gran devastación no solamente a ellos mismos, pero también para sus familias e iglesias. Teniendo un firme compromiso con Dios será la única forma de obtener fuerzas para decir que no cuando enfrentes una tentación sexual. Dios te prosperará, como lo hizo con José, si haces Su voluntad.

No podemos esperar a mantenernos puros si aceptamos el bombardeo sexual de la televisión, el cine, la radio, revistas, libros, y amigos. Tenemos que buscar constantemente la pureza sexual y no dejar que los deseos de la carne controlen nuestras vidas. Es importante controlar lo que recibimos a través de nuestros ojos, la mente, los oídos, con las personas con las que nos relacionamos y en la forma en que dedicamos nuestro tiempo. Como Job, tenemos que hacer un pacto con nuestros ojos de no mirar con lujuria a una virgen o mujer joven (Job 31:1).

Después que tenemos un encuentro con Dios, naturalmente anhelamos algún día verle, pero Él dijo que solo los puros de corazón lo verán (Mateo 5:8). Le aseguro a los que estamos casados, que si dedicamos nuestros ojos solo a nuestras esposas, el deseo, el amor y la atención hacia ellas será tan grande que se van a sorprender. Debemos satisfacer nuestros deseos sexuales solo en la casa (Proverbios 5:15-19). Entonces tratemos de siempre complacer a nuestro cónyuge, y el Señor nos premiará con una gran satisfacción. Los ojos son las ventanas de nuestros corazones. El cuidado de ellos nos ayudará a renovar nuestras mentes (Romanos 12:2). Tenemos que resistir la carne (Colosenses 3:5) y estar al tanto de nuestro ambiente. No nos pongamos en situaciones comprometedoras y que podamos ser tentados fácilmente (Efesios 4:27).

Romanos 12:1 dice que presentemos nuestros cuerpos en sacrificio vivo, santo, agradable a Dios. Es imperativo mantenernos ocupados para la obra del Señor. Si eres soltero, no te preocupes de quién será tu cónyuge. Si es la voluntad del Señor que te cases, ya Él tiene esa persona lista. Si eres soltero pero ya no eres virgen, no podrás, por supuesto, recobrar tu virginidad, pero puedes reclamar la gloria de tu virginidad. El compromiso debe ser hecho de que de ahora en adelante, vas a conducirte como alguien que nunca ha sido tocado, reservándote para tu futuro cónyuge.

Si eres casado, cuida tu compromiso de pertenecer solo a tu cónyuge; y que a pesar de lo que haya pasado, se limpio por el perdón de Dios. Si has sido abusado sexualmente, puedes, por la gracia de Dios, perdonar al abusador y dejar el pasado atrás para que puedas disfrutar del presente y el futuro. No permitas una cadena de maldiciones en tu vida y la vida de tus descendientes. Siempre recuerda, la redención de Cristo compró nuestra libertad del pecado y sus efectos desastrosos. La salvación de Dios es completa y cubre nuestro ser espiritual, mental y físico (Gálatas 3:13).

Reconociendo el nivel de la santidad de Dios

Y el uno al otro daba voces, diciendo: Santo, santo, santo, Jehová de los ejércitos; toda la tierra está llena de su gloria.
—Isaías 6:3

La familia Rivera es muy extensa y hay muchos familiares que no conozco. Muchos viven en Puerto Rico y Estados Unidos, y no he tenido la oportunidad de visitarlos a todos. Cuando vivía en Nueva Jersey, conocí a varios de mis primos. Una vez caminando por la acera con mi hermana Annie, noté a una muchacha que venía caminando hacia nosotros. Noté que los rasgos de sus ojos eran similares a varios de mi familia. Le pregunté a mi hermana si esta mujer era familia, y Annie me dijo que era hija de un primo.

Los hijos tienen rasgos heredados de los padres. Como humanos, fuimos hechos a imagen y semejanza de Dios. Cuando Adán y Eva pecaron, perdimos esos rasgos espirituales de santidad que debimos haber heredado. Pero cuando aceptamos a Cristo, recibimos el Espíritu Santo, el cual nos ayuda a discernir los deseos de la carne y los deseos de nuestro Padre. Dios es santo, y como Sus hijos, necesitamos entender Su santidad y cómo buscar a continuamente incrementar nuestra santidad de acuerdo a Su modelo (Levítico 20:26). No hay nada ni nadie que se pueda comparar a la pura santidad de Dios.

Como hijos de Dios y seguidores de Cristo, somos llamados a ser santos. Ser santo no quiere decir que somos perfectos, sino que hemos sido separados del mundo y llamados a consagración por el precio que pagó Cristo en la cruz por nosotros. Cuando buscamos la presencia de Dios y Su gloria cae sobre nosotros, podemos experimentar Su santidad y ver más claramente nuestras áreas que necesitan ser purificadas. Este fue el caso de Isaías. Cuando estaba en la presencia de

Dios, el profeta se dio cuenta de su inmundicia y pecado y pensó que seguramente iba a morir. Pero la misericordia de Dios lo libró al perdonar los pecados de Isaías y al purificar sus labios.

La única forma de experimentar la santidad de Dios es buscar a ser como Él. Las personas se darán cuenta que hay algo diferente en ti; ellos van a querer tener de lo que tú tienes. Una vez salí a almorzar con un grupo de mi trabajo. Una de las compañeras me dijo que yo radiaba paz a través de mis ojos. Le agradecí su comentario y le dije que era mi deseo ser más como Jesús. Ese día no estaba pasando la mejor época de mis tiempos, pero mi enfoque era en Cristo y no en las circunstancias. Esto me ayudó a poder ser controlado por el Espíritu y sobrepasar los retos que tenía en ese momento.

El mundo está contaminado de toda maldad. Nuestra responsabilidad es de rechazar los deseos de la carne y de reflejar a Cristo a través de nuestra consagración, comportamiento y relación con Dios. Los pasos que describo en este libro te ayudarán a experimentar una intimidad y presencia única con el Creador.

Creciendo en el nivel de fe

Es, pues, la fe la certeza de lo que se espera, la convicción de lo que no se ve.
—Hebreos 11:1

La fe es la base de todo cristiano, y por medio de ella recibimos a Cristo como Salvador y Redentor. Por medio de la fe tenemos la convicción que la Biblia es la Palabra de Dios y por lo tanto es verdad; confiamos que por medio de la Biblia Dios nos revela su voluntad para nuestras vidas (Romanos 10:8-17). La fe es mucho más que simplemente creer, porque los demonios también creen en el poder de

Dios y le tiemblan. También manifestamos la fe en Dios a través de las buenas obras hacia nuestro prójimo (Santiago 2:14-26).

Abraham se le conoce como el padre de la fe porque a pesar de enfrentar circunstancias que humanamente eran imposibles, creyó en la promesa que Dios le había hecho. Nosotros también tenemos que tener una completa dependencia en el Señor, porque Él quiere que andemos por fe y no por vista (2 Corintios 5:7). Sin embargo, en los Estados Unidos, debido a nuestra habilidad de cuidar por nuestra salud, nuestro nivel de fe en cuanto a la sanidad física es a menudo limitada y débil. La mujer en la Biblia que había gastado doce años y mucho dinero buscando la sanidad por el continuo flujo de sangre, no recibió su sanidad hasta que ella decidió por fe buscar a Jesús por el milagro (Marcos 5:24-34).

Como profesional, trabajé tres años como contable y luego quince años en computación. Estos trabajos se basan en datos y pruebas factibles. Es difícil para una persona que trabaja analizando información todos los días creer en algo que no encaja dentro del razonamiento humano. Luego de comenzar a asistir a la iglesia, me tomó seis meses admitir que solo estaba jugando al cristianismo y que necesitaba rendir mi conocimiento, inteligencia, corazón y mi vida entera a Cristo.

El problema más grande para la mayoría de los incrédulos es tratar de colocar a Dios en una caja mental. Nuestra mente limitada no puede entender todo lo que Dios tiene para nosotros. Dios todavía es un Dios que sana, restaura nuestros corazones, y reprende todo espíritu de maldad. Pero solo por fe podemos obtener la libertad que tanto buscamos. Como cristianos, tenemos que caminar por fe y obedecer a Dios en cada paso que tomamos. Aunque queremos que Dios nos revele todos los detalles, Su deseo es que confiemos en Él y le permitamos revelarnos un paso a la vez.

Dejándome Podar

Todo pámpano que en mí no lleva fruto, lo quitará; y todo aquel que lleva fruto, lo limpiará, para que lleve más fruto.
—Juan 15:2

A mi esposa le gustan las rosas, entonces decidí darle una sorpresa con ocho plantas de rosas. Escogí varios colores y tamaños y estuve la mayoría del día cavando hoyos para plantarlas. Al final del día, me sentía orgulloso del logro. Al transcurrir el tiempo, sin embargo, las rosas comenzaron a secarse como era de esperarse. Sabía que para que las plantas continuaran produciendo rosas más bellas tenía que podarlas. En realidad no quería creer que tenía que hacerlo, pero era necesario.

En el área espiritual, es lo mismo. Necesitamos ser confrontados y limpiados de las cosas viejas y secas que evitan nuevos frutos surgir. El cambio personal debe de ser constante; no podemos quedarnos estancados en el pasado con lo que ya sabemos o tenemos. Necesitamos aceptar nuevos retos y circunstancias, sabiendo que al final, alcanzaremos nuevos niveles con Dios.

Dios nos dice que necesitamos estar en Él para poder dar fruto. El Señor es la fuente de todo buen fruto en nuestras vidas, pero Su deseo no es que nuestro fruto sea temporero. Él quiere podarnos para que podamos dar más fruto (Juan 15:1-5). Nuestra permanencia en Él no solo contribuye a nuestro crecimiento en todas las áreas de nuestra vida, sino también impacta las vidas de los que nos rodean.

PREGUNTAS PARA MEDITAR

1. Cuando vas a tomar alguna decisión, ¿buscas a Dios para que te muestre Su voluntad, o todavía confías solo en tu inteligencia?

2. ¿Te sientes más cómodo cuando estás en control de las situaciones o cuando caminas por fe? ¿Qué puedes hacer para rendir el control a Dios y hacerlo el Señor de tu vida?

3. El mundo nos presiona constantemente con su vanidad, sexualidad, y el deseo y la demanda a la comodidad. ¿Qué pasos puedes tomar para romper con toda ociosidad, vanidad, pornografía y otros deseos sensuales erróneos?

4. El temor de Dios es reconocer que Él está constantemente con nosotros y le mostramos el respeto en todo lo que hacemos. ¿Qué vehículo nos otorga Dios para crecer en santidad y fe?

5. Todos tenemos áreas que podar. ¿Estarías de acuerdo a dar cuentas a otra persona para que te ayude a ver las áreas que necesitas cambiar y mejorar? Si todavía no tienes a alguien, pide consejo de tu pastor, o habla con tu líder espiritual para que te ayude.

Capítulo 8
Mi libertad la encuentro en el carácter

Por tanto, ceñid los lomos de vuestro entendimiento, sed sobrios, y esperad por completo en la gracia que se os traerá cuando Jesucristo sea manifestado.
—1 Pedro 1:13

Reflejando el carácter de Cristo

El que dice que permanece en él, debe andar como él anduvo.
—1 Juan 2:6

El carácter es la colección de cualidades y atributos que distingue a la persona. Cuando el carácter es moldeado y transformado de acuerdo al carácter de Cristo, cualidades que complacen y traen honor y gloria a Dios son mostradas. ¿Cómo podemos saber si estamos reflejando el carácter de Cristo? Uno simplemente tiene que estudiar la vida de Jesús en los evangelios y ver el impacto que causó en los discípulos como se refleja en las cartas de Pedro, Juan, y Pablo para entender Su carácter.

Cristo quiere que seamos como Él, mansos y humildes de corazón (Mateo 11:29). Lo triste es, aunque muchos de nosotros nos decimos llamar cristianos, nuestras acciones y actitudes muestran lo contrario. Muchas veces reflejamos un carácter el cual está lleno de resentimiento, falta de perdón, orgullo y otras obras de la carne (Gálatas 5:19-21). Pero bueno o malo, seremos reconocidos por nuestro fruto (Mateo 7:16).

Todo cristiano debe anhelar ser como Cristo (1 Juan 2:6). El Espíritu Santo tiene que estar en nosotros para poder ser controlado por Él y reflejar el carácter de Cristo. No solo es suficiente saber los beneficios de tener amor, gozo, paz y todos los elementos del fruto del Espíritu sino también hacerlo parte de nuestra vida diaria.

Tenemos que tener corazones compasivos soportando al prójimo (Efesios 4:32; Colosenses 3:13). Por ejemplo, quizás has tenido malas experiencias con personas en el ministerio que te han defraudado; a lo mejor han abandonado el ministerio y hasta la iglesia. De momento, cuando los ves regresar, sientes ignorarlos por haberte lastimado en el pasado. Pero esto no es lo que el Señor desea, porque este tipo de acción no nace de la compasión.

A través de la parábola del hijo pródigo, el Señor nos muestra un ejemplo de Su amor, compasión y perdón (Lucas 15:11-32). De vez en cuando en mi iglesia, veo el regreso de hijos pródigos. Mis pastores muestran gran compasión por ellos. Lo bonito es que muchos de los que han regresado vienen con una nueva perspectiva, humildad, arrepentimiento, y deseo de rendir sus corazones a Cristo y servirle. Te animo a que no desprecies a estas personas. La naturaleza del corazón de Dios es recibirles, y es la razón por la cual somos salvos.

Reflejando el amor

Amados, amémonos unos a otros; porque el amor es de Dios. Todo aquel que ama, es nacido de Dios, y conoce a Dios. El que no ama, no ha conocido a Dios; porque Dios es amor. Y nosotros hemos conocido y creído el amor que Dios tiene para con nosotros. Dios es amor; y el que permanece en amor, permanece en Dios, y Dios en él.

—1 Juan 4:7-8,16

¿Sabes lo que es el amor y cómo reflejarlo? La palabra *amor* ha sido definida infinidad de veces por autores de diversos géneros. Es el tema principal de las novelas, películas, poemas, y canciones. El deseo de cada ser humano es de poder amar y ser amado, pero el amor descrito por el mundo es barato, egoísta y condicional. Podemos escuchar frases a nuestro alrededor describiendo este tipo de amor: "Te amo si me amas." "Te amo si me complaces mis deseos." "Ya no te amo porque encontré otra persona más interesante." "Ya no te amo como antes."

Dios nos creó con el deseo de amar porque Él nos hizo a Su imagen. Dios es amor y es la fuente de todo amor puro y verdadero. Este tipo de amor es descrito en el Nuevo Testamento por la palabra griega *ágape*. Sabemos que tenemos el amor *ágape* de Dios cuando podemos amar a las personas a pesar de lo que nos han hecho. Cuando nuestro amor es incondicional, sentimos compasión y estamos siempre al tanto del bienestar físico y espiritual de otros sin importar lo que piensen de nosotros o cómo nos traten.

Sin embargo, cuando no tenemos el amor *ágape* de Dios, nuestro amor es limitado por sentimientos y circunstancias. Sin el Espíritu Santo controlando y llenando nuestras vidas, no podemos emanar ese amor puro porque solo lo podemos recibir a través del fruto del Espíritu. Sin este tipo de amor, no podemos perdonar ni ser libres de toda desilusión. La paz y el gozo no pueden ser parte de nosotros.

El apóstol Juan no pudo encontrar palabras para describir adecuadamente el amor de Dios. Solo pudo describir la acción que Dios tomó debido a Su extenso amor.

Porque de tal manera amó Dios al mundo, que ha dado a su Hijo unigénito, para que todo aquel que en él cree, no se pierda, mas tenga vida eterna.

—JUAN 3:16

Esta clase de amor es consistente y permanente, y es la característica principal de todos los que han nacido de nuevo y desean traer sanidad a todas las personas que le han causado mal. El amor de Dios le impulsa a compartir Sus maravillas, así como le sucedió a la mujer samaritana quien aceptó a Cristo como Señor y Salvador e inmediatamente fue corriendo a compartir la noticia con las demás personas (Juan 4:39-42).

El amor *ágape* nos mantiene en intimidad con Dios porque fomenta un deseo constante de estar en Su presencia. La adoración pura de nuestro corazón expresa el amor que sentimos hacia Él. Otras personas sentirán en su espíritu el amor que sentimos por Dios y por ellos; es un amor inevitable que toca las vidas de los que nos rodean.

El apóstol Pablo, en 1 Corintios 13, nos describe las características del amor:

Si yo hablase lenguas humanas y angélicas, y no tengo amor, vengo a ser como metal que resuena, o címbalo que retiñe. Y si tuviese profecía, y entendiese todos los misterios y toda ciencia, y si tuviese toda la fe, de tal manera que trasladase los montes, y no tengo amor, nada soy. Y si repartiese todos mis bienes para dar de comer a los pobres, y si entregase mi cuerpo para ser quemado, y no tengo amor, de nada me sirve. El amor es sufrido, es benigno; el amor no tiene envidia, el amor no es jactancioso, no se envanece; no hace nada indebido, no busca lo suyo, no se irrita, no guarda rencor; no se goza de la injusticia, mas se goza de la verdad. Todo lo sufre, todo lo cree, todo lo espera, todo lo soporta. El amor nunca deja de ser; pero las profecías se acabarán, y cesarán las lenguas, y la ciencia acabará. Porque en parte conocemos, y en parte profetizamos; mas cuando venga lo perfecto, entonces lo que es en parte se acabará. Cuando yo era niño, hablaba como niño, pensaba como niño, juzgaba como niño; mas cuando ya fui hombre, dejé lo que era de niño. Ahora vemos por espejo, oscuramente; mas entonces veremos cara a cara. Ahora conozco en parte; pero entonces conoceré como fui conocido. Y ahora permanecen la fe, la esperanza y el amor, estos tres; pero el mayor de ellos es el amor.

Usualmente utilizamos este pasaje en ceremonias matrimoniales, pero es importante entender que el amor de Dios en nosotros no solamente se refleja en nuestras acciones hacia un ser querido como nuestro cónyuge o hijos, sino también hacia los demás, incluyendo aquellos que nos desean el mal. Jesús describe el amor al prójimo en la parábola del buen samaritano (Lucas 10:25-37).

Sin amor, no podremos encontrar la verdadera libertad; sin él, todo lo que hagamos no tendrá sentido. Sin amor, nuestras palabras no tendrán valor, nuestras acciones y oraciones serán egoístas, y nuestro carácter reflejará impaciencia, enojo y venganza. El amor *ágape* es la prioridad número uno en la vida de todo cristiano, y no podemos vivir de acuerdo a la voluntad de Dios sin él. Podríamos escribir millones de libros en el tema del amor, pero nunca llegaremos a describirlo tan bien como Jesús lo hizo en la cruz.

El Desarrollo de mi carácter es más importante que mis talentos

Nuestros talentos no pueden ser desarrollados más allá que el nivel de nuestro carácter. Algunas personas mentirían si no están motivadas para cumplir con una responsabilidad. El desánimo, la comodidad o la cobardía les inclinan a inventar excusas para evitar el compromiso o para explicar compromisos no cumplidos. Los niños utilizan la famosa frase "el perro me comió la asignación" cuando no hacen las tareas de la escuela. Los adultos culpan al tráfico cuando llegan tarde a una reunión. Los humanos somos bien creativos cuando se trata de pensar en excusas.

Algunas veces prometemos hacer algo pero fallamos en hacerlo, o insistimos en decir que es cierto cuando no lo es. Para Dios, este tipo de actitud surge del diablo (Mateo 5:37). La Palabra describe a las personas con esta condición como personas de doble ánimo (Santiago 1:8). Son inconsistentes y permiten que su condición emocional controle sus decisiones.

He conocido a personas con grandes talentos y dones que no pueden ser usados por Dios por su falta de responsabilidad, compromiso, integridad, y sumisión. Su falta de carácter cristiano no les permite alcanzar las metas que Dios les ha puesto en su espíritu. Personas con habilidades para ser grandes ingenieros, arquitectos, o médicos, se agarran de derrotas previas, la baja autoestima, o el alcohol y nunca alcanzan el potencial que Dios le ha dado. Otros fácilmente tiran la toalla cuando el desánimo les apodera. El enemigo se aprovecha de esta actitud del corazón y los desvía de los caminos de Dios (Efesios 4:14). Si creemos que somos más que vencedores en Cristo, entonces tenemos que cam-

biar nuestra actitud y emprender las metas que Dios nos ha trazado.
El espíritu de religiosidad también nos impide desarrollar el carácter de Cristo. Un grupo de judíos que escuchaban las enseñanzas de Jesús contestaron: "Linaje de Abraham somos" (Juan 8:33). Los fariseos estaban esclavizados a sus ritos y tradiciones religiosas y no disfrutaban una libre relación con Dios. El apóstol Pablo era un hombre estudioso, inteligente, educado, y respetado con prestigio entre el pueblo judío. Cuando se rindió a los pies de Cristo, dio un giro de ciento ochenta grados, dándose cuenta que todo lo que sabía era basura comparado con lo que Dios tenía para él. Mientras se convertía en líder de la iglesia primitiva, Pablo reconoció que ese mismo espíritu de religiosidad que casi lo destruye también se estaba infiltrando en la comunidad cristiana.

Desde el principio, los cristianos querían formar grupos de acuerdo a la persona con quién habían recibido a Cristo. Unos decían que eran de Apolo, otros de Pedro, otros de Pablo, y otros de Cristo. Esta situación causó división y un sentir de superioridad en la iglesia primitiva, y desafortunadamente, todavía vemos este tipo de división en la iglesia de hoy, la cual es una estrategia del diablo.

La religiosidad nos trae a la ruina. La hipocresía trabaja de afuera hacia adentro, mientras que una verdadera relación con Dios trabaja de adentro hacia afuera. Toda persona que tiene un espíritu enseñable y con el deseo de crecer y desarrollar el carácter de Cristo tiene un buen corazón, retiene la Palabra y da buen fruto (Lucas 8:15).

BUSCANDO LA SABIDURÍA DE DIOS

El principio de la sabiduría es el temor de Dios; los insensatos desprecian la sabiduría y la enseñanza.
—PROVERBIOS 1:7

Donde no hay dirección sabia, caerá el pueblo; mas en la multitud de consejeros hay seguridad.
—PROVERBIOS 11:14

Tenemos que conducirnos con el temor de Dios. Cuando estamos conscientes que Dios está con nosotros en todo tiempo y queremos ser obedientes a Él, Sus bendiciones comienzan a fluir, y nos encamina por la vereda de acuerdo a Su perfecta voluntad. Pero esto solo sucede cuando estamos en la correcta relación con Él. Solo así podremos tomar decisiones que no afecten negativamente nuestro futuro.

Necesitamos del Espíritu Santo para poder tomar decisiones sabias. El rey Salomón pidió sabiduría para poder gobernar el pueblo de Dios. Porque Salomón no pidió para él sino por sabiduría para guiar al pueblo en los caminos de Dios, el Señor le concedió su pedido. Nunca habrá otra persona con tal nivel de sabiduría, riquezas y gloria (1 Reyes 3:5-15). Por supuesto, Dios cumple sus promesas en nuestras vidas siempre y cuando nosotros guardemos Sus estatutos y mandamientos, pero Él no estima a todo el que se cree sabio en su propio conocimiento (Job 37:24).

Muchos jóvenes hoy, a pesar que anhelan tener la madurez y sabiduría de adultos, se rodean de jóvenes que se encuentran en peor situación emocional que ellos. No obstante, prefieren buscar consejo de estos amigos y terminan tomando decisiones insensatas. La excusa es que están buscando la respuesta en la multitud de consejos, pero en realidad, buscan la respuesta que concuerde con los deseos de su carne.

El rey Salomón nos habla sobre las ventajas que tenemos cuando andamos en la sabiduría de Dios (Eclesiastés 7:11-14). La sabiduría nos ayuda a enfocarnos en las cosas que se pueden cambiar, no en las que ya están torcidas. Cuando buscamos llenarnos de la sabiduría de Dios, estamos mejor preparados para evitar el desastre en situaciones inesperadas en todas las áreas de nuestra vida, incluyendo las finanzas, relaciones, y otras áreas. Este conocimiento de lo alto nos da una mejor perspectiva de la vida, recordándonos que Dios está en control.

SIENDO PACIENTE

Por tanto, hermanos, tened paciencia hasta la venida del Señor. Mirad cómo el labrador espera el precioso fruto de la tierra, aguardando con paciencia hasta que reciba la lluvia temprana y la tardía. Tened también vosotros paciencia, y afirmad vuestros corazones; porque la venida del Señor se acerca.

—SANTIAGO 5:7-8

Muchas veces confundimos la terquedad con la paciencia. Si nuestra actitud es de esperar en Dios, entonces somos pacientes. Si nuestra actitud es de esperar a que se cumpla lo que queremos, entonces es terquedad. Necesitamos examinar nuestro corazón para percibir si nuestra actitud es para que la voluntad de Dios se cumpla o meramente porque somos orgullosos, autosuficientes o tenemos falta de sujeción.

La falta de paciencia y espera en Dios llevó a Sara a tratar de ayudarlo (Génesis 16). También llevó a Saúl a ofrecer holocausto sin la autorización de Samuel, causando que perdiera su reino (1 Samuel 13:8-14). La impaciencia puede ser el producto de la falta de fe y por nuestro egoísmo. Ocasionalmente nos esforzamos mucho para alcanzar nuestras metas, pero, como dice el dicho, nadamos mucho para morir en la orilla. La impaciencia nos lleva a destruir el plan Dios para nuestras vidas.

Y no sólo esto, sino que también nos gloriamos en las tribulaciones, sabiendo que la tribulación produce paciencia; y la paciencia, prueba; y la prueba, esperanza.

—ROMANOS 5:3-4

A Job se le considera el padre de la paciencia por su decisión de valerosamente esperar que las promesas de Dios se cumplieran en su vida. A pesar que Job tuvo momentos de reclamo a Dios, rechazó ser dominado por las circunstancias, por sus amigos, y por su propia esposa. Job se agarró de la esperanza de ser librado de toda enfermedad y pestilencia que había invadido su vida. Luego de haber pasado la prueba pacientemente, el Señor le devolvió a Job el doble de lo que había perdido (Job 42:10). Dios no opera en tiempo sino en propósito.

Sometiéndome a la autoridad

Por causa del Señor someteos a toda institución humana, ya sea al rey, como a superior, ya a los gobernadores, como por él enviados para castigo de los malhechores y alabanza de los que hacen bien. Porque esta es la voluntad de Dios: que haciendo bien, hagáis callar la ignorancia de los hombres insensatos; como libres, pero no como los que tienen la libertad como pretexto para hacer lo malo, sino como siervos de Dios. Honrad a todos. Amad a los hermanos. Temed a Dios. Honrad al rey.

—1 Pedro 2:13-17

La palabra *someterse* se puede encontrar unas treinta y ocho veces en el Nuevo Testamento. Leemos en cuanto a los demonios sometiéndose a la autoridad de Cristo, cristianos sometiéndose a la autoridad de los líderes de la iglesia, esposas sometiéndose a sus esposos, y los hijos sometiéndose a sus padres. La Biblia también nos habla de someternos unos a otros como cristianos. Someterse, sin embargo, es contrario a la lógica que hemos estado expuestos. Tendemos a buscar nuestros derechos y queremos venganza cuando alguien nos ha hecho mal. No nos gusta que nos digan lo que tenemos que hacer.

No obstante, tenemos que aprender a vivir en libertad a pesar de las circunstancias y las injusticias del mundo. Dios no quiere que tomemos la autoridad en nuestras propias manos, si no queremos enfrentar el mismo juicio (Mateo 26:52). Jesús dijo en Mateo 10 que no debemos enfocarnos en el que mata el cuerpo, sino en el que puede matar el cuerpo y el espíritu.

Nuestros pastores son nuestros líderes, maestros, padres y amigos. Como tal, debemos servirle en todo lo necesario para que la obra de Dios avance. El Señor quiere que caminemos al lado de ellos, respetando su autoridad y dando nuestras vidas por ellos. Necesitamos tener convicción y ser consistentes, fieles e idóneos para alcanzar las generaciones para Cristo. Pablo le pidió a Timoteo que desarrollara hombres fieles e idóneos para que enseñaran a otros (2 Timoteo 2:2). Este es el mandato de Dios para expandir Su obra. Necesitamos ser líderes sujetos que caminamos con nuestro líder siendo fieles y constantemente desarrollándonos en el llamado.

Servimos a nuestros líderes cuando caminamos a su lado y obedecemos sus mandatos (Romanos 13:1-2; 1 Pedro 5:5). Nuestro enfoque debe ser el rol y no la persona. Vamos a tener diferencias de opinión, pero quejarnos solo causará división. La clave no son los métodos sino la meta. La obra es de Cristo y no de nosotros.

Tenemos que cuidarnos del espíritu de independencia y recordarnos que somos parte del cuerpo de Cristo. Amor significa dedicar nuestro tiempo, sacrificio y esfuerzo por otros, y esto incluye nuestros líderes (Juan 15:13). El creyente busca ser servido, pero el discípulo sirve no solamente a su equipo sino también a su líder. Necesitamos encargarnos de los sueños de nuestro líder y dejar que Dios se encargue de los nuestros. Un gran comunicador siempre comparte con su líder lo que está pasando con sus grupos. No digamos, "el Pastor dijo…" Somos parte del mismo cuerpo y debemos estar en un mismo sentir (1 Pedro 3:8). Tenemos que levantar los brazos del pastor y no rendirnos. Es importante ser fieles en todo tiempo (1 Pedro 5:6). La fidelidad comienza donde Dios nos ha plantado. Esta es la única manera de echar raíces. Él nos levantará a su debido tiempo si somos fieles y si nuestro enfoque es en Él. Es también importante recibir la exhortación con un corazón enseñable para poder crecer y no ser carga o piedra de tropiezo para otros. Si sufrimos injustamente en el proceso, demos gracias a Dios (1 Pedro 2:20). Además, no podemos ser chismosos (Proverbios 11:13).

La meta en todo lo que hacemos es de buscar el elogio de Dios y no el de nuestros líderes (Mateo 25:23). Recuerda, somos todos iguales en el reino de Dios (1 Corintios 12:23). Nuestra responsabilidad es de cumplir con nuestro ministerio donde el líder nos pida que sirvamos. Dios utiliza a nuestros líderes para ayudarnos a echar raíces a través del servicio.

Dios ha puesto a cada uno de nosotros en la iglesia en particular que asistimos porque sabe que es donde podemos trabajar en Su visión. Tenemos que estar bajo autoridad para recibir autoridad. Nuestro llamado es de alcanzar almas y hacerlos discípulos. Esto requiere estar libre de celos, envidia, orgullo, ira, inmoralidad, y amargura. Entonces seamos fieles a nuestros Pastores y líderes, y recibiremos una doble porción (2 Reyes 2:9). Cuando somos fieles, enseñables, perseverantes, y deseamos desarrollar nuestro ministerio, podremos ayudar a nuestros líderes y expandir la obra de Cristo.

PREGUNTAS PARA MEDITAR

1. ¿Qué tanto se parece tu carácter al carácter de Cristo? ¿Qué pasos puedes tomar para desechar lo malo y reflejar los atributos de Jesús?

2. ¿Tienes resentimiento hacia alguna persona? ¿Sientes que no puedes amarle? Trae tus cargas a los pies de la cruz, y depende del amor y el perdón de Dios para sanar tu corazón.

3. Todos queremos tomar decisiones sabias. La Palabra dice que temer a Dios es el principio de la sabiduría. ¿Cómo puedes comenzar una vida en el temor de Dios para desarrollar la sabiduría de lo alto?

4. ¿Has tomado decisiones erróneas por falta de paciencia? ¿Qué harías diferente para evitar el mismo problema en el futuro?

5. ¿Tienes problemas sometiéndote a la autoridad? ¿Has tenido experiencias negativas con tus padres, el sistema legal, o maestros? ¿Cómo podrías sanar tu corazón y declarar libertad en esta área?

Capítulo 9
Mi libertad la encuentro en el Servicio

Haya, pues, en vosotros este sentir que hubo también en Cristo Jesús, el cual, siendo en forma de Dios, no estimó el ser igual a Dios como cosa a que aferrarse, sino que se despojó a sí mismo, tomando forma de siervo, hecho semejante a los hombres.
—Filipenses 2:5-7

Los abrazos fueron inventados para dejarle saber a las personas que le amas sin tener que decirlo.
—Bil Keane

Sirviendo a los demás

Durante el transcurso de mi caminar con Dios, he comprobado que mi desarrollo espiritual sucede mejor cuando sirvo a otros. Luego de dos años de ser cristiano, me sentía cómodo recibiendo la Palabra domingo tras domingo. Era bonito escuchar el mensaje, reflexionar, y regresar a la rutina del trabajo y el diario vivir. Cuando la familia pastoral llegó a la iglesia a comenzar el ministerio hispano, mi esposa y yo decidimos visitarles. En ese momento, sentimos que

Dios nos estaba llamando a renunciar a la comodidad y a unirnos al ministerio hispano. El Señor nos estaba llamando a ser discípulos y no solo creyentes.

El nuevo ministerio incluía unas quince personas, y el pastor dirigía la alabanza. Le dijimos que estábamos disponibles a servir en donde él quisiera y pronto comenzamos a servir como ujieres. Le ayudaba a montar el teclado y los micrófonos para el servicio, y yo tocaba la percusión y cantaba. También ayudaba a recoger las ofrendas, y ocasionalmente apoyábamos con el cuidado de los niños.

El Señor Jesús compartía el evangelio en las casas, alcanzando al necesitado, sanando al enfermo, y trayendo palabra de esperanza. Mi pastor cree que el ministerio en las casas es la clave para el crecimiento espiritual de la iglesia. Consecuentemente, comenzó abriendo su casa, y nos reuníamos una vez por semana. Éramos bendecidos compartiendo como hermanos en un ambiente familiar.

Mi esposa y yo pronto sentimos que era tiempo de abrir nuestra casa, la cual estaba localizada en otra ciudad. El pastor asignó a un joven para que fuera líder de nuestro grupo. Pero a solo un mes, el joven decidió moverse a otra ciudad y nos quedamos sin líder. El pastor me motivó a que tomara las riendas y dirigiera el grupo. Yo estaba nervioso porque nunca había tenido la experiencia de guiar y desarrollar a otras personas en el evangelio, pero acepté la oferta. Sabía que Dios me había llamado y había puesto el deseo en mi corazón para servirle.

Comencé a orar por las personas del grupo y por los que Dios estaría enviando en el futuro. Antes de las reuniones, le pedía a Dios que me diera una palabra personal para ellos, y no simplemente un mensaje generalizado. Les visitaba, les llamaba, compartía comida y finanzas cuando estaban en necesidad y les daba palabra motivadora de esperanza. Pronto me di cuenta que el Señor me estaba llevando a nuevos niveles.

Mi enfoque comenzó a cambiar. Ya no estaba tan preocupado por mis afanes y preocupaciones personales. Mi mayor deseo era servir al necesitado y ayudarles a desarrollar una dependencia en Dios, mientras le enseñaba a vivir una vida de éxito. Mi perspectiva cambió, y mis problemas comenzaron a tornarse pequeños. Servir a otros cambia nuestra perspectiva, remueve la mirada de nuestras circunstancias y nos enfoca en la necesidad de otros.

El Señor Jesús fue nuestro supremo ejemplo de servicio. Él dejó la comodidad de su grandioso trono, se humilló, y sufrió para que fuéramos salvos. Cristo dio Su vida por nosotros, renunciando la ayuda de millares de ángeles que podían venir a Su defensa al ser llamados por Él. Luego de predicar el evangelio, sanar a los enfermos, echar fuera demonios, resucitar a los muertos, caminar sobre el agua, y multiplicar los alimentos, mostró un último ejemplo de servicio a Sus discípulos.

Antes de tomar la cena de Pascua, Jesús lava los pies a Sus discípulos. Lavar los pies era la tarea menos honrosa de un siervo. Al humillarse en esta forma, Jesús enseñó a Sus discípulos que todos somos iguales. Independientemente de la posición, debemos servirnos los unos a los otros (Juan 13:1-17). Esto, por supuesto, va en contra de nuestra naturaleza humana. Siempre queremos ser primeros, y siempre queremos que nos sirvan. Hasta demandamos un servicio excelente, especialmente cuando pagamos.

Cristo no solamente pagó por nuestros pecados, sino también sirvió a sus seguidores. El mejor líder es aquel que da su vida por los demás (Marcos 9:35), y esto es lo que hizo Jesús. Tal servicio es establecido por Dios. A pesar que los ángeles tienen el privilegio de compartir con el Señor y tienen grandes poderes, han sido asignados para ministrarnos y protegernos (Hebreos 1:14). Cuando lleguemos al cielo, continuaremos sirviendo los unos a los otros porque esta es la naturaleza del amor de Dios. Debemos, por lo tanto, servir de corazón, con excelencia y como para el Señor (Colosenses 3:23). No importa el tipo específico de trabajo, debemos siempre mostrar el deseo de caminar una milla extra. Dios mira nuestra fidelidad y el deseo de hacer Su obra. He visto este principio de servicio humilde en acción en mi propia iglesia. De vez en cuando hemos tenido personas que han dejado sus iglesias para unirse a nuestra congregación. Algunos visitan al pastor y, luego de describir su historial de estudios teológicos y trabajos ministeriales, ofrecen sus servicios a la iglesia. Pero siervos de una iglesia necesitan entender la visión que Dios ha dado a esa iglesia local y hacerla parte de ellos. Entonces, para probar su fidelidad, el pastor les pide que sean parte de uno de los grupos de casa y que ingresen a nuestra escuela de liderazgo. Esta estrategia les ayudará a ser parte del cuerpo, experimentando las bendiciones de Dios, y aprendiendo la dinámica de cómo el Espíritu Santo ha estado trabajando en nuestra iglesia. Los que tienen el corazón de siervo humildemente aceptan el reto y eventualmente dan un hermoso y permanente fruto. Los que son arrogantes y tan seguros de lo que pueden ofrecer a menudo terminan yéndose de la iglesia.

Cuando las personas reaccionan con orgullo en vez de humildad, a menudo se aíslan y evitan envolverse en los ministerios. A pesar que quieran contribuir al reino de Dios, rehúsan hacerlo, porque la rebeldía y el orgullo les impiden someterse. En su lugar, buscan la forma de sembrar división, rebelarse contra los líderes, y convertirse en piedras de tropiezo para otros. Este espíritu de religiosidad es difícil romper a menos que acepten su pecado y decidan buscar el quebrantamiento de parte de Dios.

Dios no quiere voluntarios sino siervos. El voluntario solo da del tiempo que le sobra, dependiendo cómo se sienta ese día. Siervos, sin embargo, dejan la comodidad y sacrifican su tiempo y metas personales para servirle al Señor.

Solo cuando somos siervos podremos hacer la obra de Dios con excelencia, compasión y fruto permanente. Otro aspecto de servicio es la hospitalidad. Tenemos que ser hospitalarios con el forastero (Hebreos 13:2). Sirviendo en las casas nos da la oportunidad de cuidar y atender al necesitado. Nuestro hogar es parte personal de nuestra vida, y cuando invitamos a una persona a nuestro grupo de estudio en la casa, nos ayuda a mostrar y desarrollar nuestro amor por el prójimo.

La ley universal de Dios es que vamos a cosechar lo que sembramos. La generosidad traerá libertad financiera, pero no pasará de la noche a la mañana. Cosechar conlleva tiempo. Diezmar y ofrendar con un corazón alegre eventualmente nos traerá fruto estable a nuestras vidas.

La victoria es alcanzada cuando somos intencionales. Las amistades no llegarán si nos aislamos de los demás. Las oportunidades de trabajo no llegarán si no buscamos con paciencia, sabiduría y discernimiento.

Tenemos que ser sabios al servir, hasta en el reino de Dios. A veces pensamos que estamos haciendo la obra de Dios por simplemente estar ocupados en Su obra. Pero fácilmente podemos terminar agotados, desanimados y espiritualmente secos si nos enfocamos más en la tarea y no en las prioridades guiadas por el Espíritu. Algunas veces responder con un no, está bien, siempre y cuando hayamos orado y buscado el consejo de Dios. No es siempre bueno tomar decisiones a la ligera, especialmente en la obra de Dios, ya que podríamos ser piedra de tropiezo para otros.

Al principio de mi desarrollo ministerial, tenía el deseo de hacer muchas cosas para el Señor. Llegué a un punto en que estaba trabajando en la obra unas cuarenta horas a la semana por encima de mi trabajo regular, muchas veces tomando días de vacaciones para el ministerio. Dormía solo unas cuatro a cinco horas en la noche, pero aún así no me daba el tiempo. Esto me llevó a descuidar otras áreas de mi vida, incluyendo mi vida espiritual. Llegué a un punto en que me frustraba ya que no podía hacer nada con excelencia. Muchas prioridades a la vez significaban sacrificar la excelencia en todas las áreas. Casi dejo el ministerio, pero Dios me dijo que me enfocara en las áreas más fructíferas y que desarrollara y delegara a otros lo antes posible. De esta manera, todos podríamos dar mejor fruto.

Necesitamos enfocarnos en áreas claves en donde podamos desempeñar nuestra mayor área de potencial y ejercer nuestros mejores talentos. En el cuerpo de Cristo, no todos somos brazos. Algunos somos manos, pero si pensamos que podemos hacer el trabajo de los pies, todos sufrimos. Como miembros de la iglesia local, debemos aprender y entender la visión que Dios le ha dado al pastor y desarrollar nuestras áreas claves para así poder alcanzar y desarrollar a otros. El afán trae ansiedad; nos lleva a perder el enfoque y el disfrute necesario de la presencia de Dios, que a la vez podemos terminar como Marta (Lucas 10:38-42).

El tiempo de descanso en el Señor es muy importante. Jesús siempre tomó tiempo para retirarse de las multitudes y disfrutar de la presencia de Dios. No estoy hablando de tomar vacaciones, lo cual es importante para reponer la fortaleza física, sino la necesidad de renovar y restaurar el espíritu. Jesús nos enseñó que necesitamos recargar nuestros corazones buscando de Él. Tenemos que desconectarnos de las tormentas de la vida y encontrar libertad de las circunstancias (Marcos 4:35-41).

Dejando la comodidad

Tuve el privilegio de trabajar para una de las mayores compañías del noroeste de Estados Unidos por más de veinte años. Vivía a menos de quince minutos del trabajo y no tenía que experimentar el horrible tráfico que la mayoría de personas sufrían a diario en la autopista. Disfrutaba de muy buenos beneficios y hacía un buen trabajo, pero eventualmente creció la insatisfacción. A menudo oraba a Dios sobre esto, y luchaba conmigo mismo, reprendiendo la ociosidad. Yo siempre había sido una persona trabajadora, pero ¿por qué me sentía sin deseos de ir a trabajar? ¿Por qué ya la pasión se había marchado?

A pesar de que Dios me había abierto las puertas para ser bendecido en ese lugar, Él me estaba diciendo que ya era hora de subir a otro nivel. Durante ese tiempo, a menudo oraba, "Señor, si es tu voluntad que cambie de dirección, entonces cierra esta puerta. Tú la abriste, y tú la tendrás que cerrar; y tendrás que abrir la siguiente puerta, porque quiero hacer tu perfecta voluntad. No me importa las finanzas, porque si viene de ti sé que no me defraudarás." Mientras tanto, durante los momentos de receso, caminaba por las veredas de la compañía y comenzaba a adorar a Dios. Luego rendía todo en Sus manos, buscando discernimiento y fortaleza mientras esperaba en Él.

La compañía estaba pasando por situaciones financieras muy fuertes y tuvo que despedir a cientos de personas. Cuando acepté la última posición en mi trabajo, ya Dios me había puesto en el corazón que sería temporero y que no duraría más de un año. Comencé la posición en octubre de 2008, y exactamente un año después en octubre de 2009, mi gerente me informó que mi posición había sido eliminada. Inmediatamente sentí que un peso era levantado de mis hombros, y le di gracias a Dios. Era increíble que me sintiera de esta manera, especialmente cuando la economía se estaba deteriorando tan rápidamente y miles de personas estaban buscando trabajo. Pero yo había puesto mi confianza en Dios y acepté Su voluntad.

Siendo el tipo de persona que analiza estadísticas y oportunidades, decidí aplicar a un trabajo como gerente en computación. Al día siguiente, recibí un correo electrónico de la reclutadora pidiendo que contestara unas preguntas. Días después, recibí una llamada telefónica de la secretaria citándome para una entrevista ese lunes. Todo surgió tan pronto y estaba sorprendido. Pensé que a lo mejor Dios me estaba abriendo esta puerta.

Ese fin de semana antes de la entrevista, teníamos una conferencia en la iglesia. El sábado, durante el receso, mi esposa y yo íbamos de camino a casa de unos amigos a compartir con uno de los conferencistas. En el camino, mi esposa y yo platicábamos sobre la posición, y le compartía de cómo le había pedido a Dios que me revelara si Él había abierto esta puerta. De pronto sentí la voz de Dios en mi espíritu que me decía, "Si quieres ese trabajo, ve a la entrevista, porque tienes las cualificaciones y te lo van a dar. Si quieres el trabajo que tengo para ti, espera." Simplemente le dije a mi esposa que el Señor me había hablado y que había tomado la decisión de no ir a la entrevista. Sentí que Dios estaba apoyándome en todo y que necesitaba caminar por fe. Este tiempo de espera me ayudó para buscar más de Dios en la intimidad y a escribir este libro.

Dios llevó a Jacob y sus hijos a Egipto y los bendijo allí, pero llegó el momento en donde ya era hora que fueran movidos a otro nivel. Su bendición se tornó en cautiverio cuando los egipcios esclavizaron al pueblo judío por muchos años. Eventualmente Dios llamó a Moisés del desierto para que regresara a Egipto y sacara a Su pueblo. Aunque ellos gustosamente siguieron a Moisés en el éxodo, cuando se encontraron con en el desierto, anhelaban regresar a la comodidad que pensaban tener en Egipto. No entendían que la comodidad limitaba las bendiciones y que las pruebas que enfrentaban en el desierto eran temporeras. A pesar de que sabían que Dios estaba con ellos, los deseos de la carne podían más y su fe falló en desarrollarse.

Cuidado con los hábitos. Usualmente entendemos lo importante que es hacer un hábito el leer la Palabra y tener un tiempo con Dios cada día. Todo esto es bueno, ya que nos ayuda a disciplinarnos y a dedicar tiempo a Dios. La clave es de practicarlo hasta que ya no sea un hábito, sino un caminar continuo con el Señor. Sin embargo, si hacemos del hábito un acto religioso, Dios podría intervenir en formas que nos forzarán a romper el hábito. Cuidado con intercambiar a Dios por el hábito.

Se flexible y dispuesto a salir de tu esfera. Dios siempre trabaja dentro y fuera de la caja. ¿Entonces por qué no esperar a que te interrumpa en todo tiempo? Cuando tu relación con el Señor no es basada solamente en tu devocional matutino, no serás sorprendido o molestado cuando te pida que dejes tu rutina cómoda para hacer las cosas que Él considera importantes.

En ocasiones cuando el día está soleado y tengo la oportunidad de meditar, me gusta caminar por unas veredas hermosas que se prestan para ejercitarse y meditar. De vez en cuando, mientras caminaba, escuchaba el llamado de un águila. Cuando esto sucedía, usualmente buscaba por el ave pero no la podía encontrar. En una ocasión, sin embargo, sentí la necesidad de investigar y seguir el llamado con más diligencia. Vi a un pájaro pequeño, pero no era un águila, entonces continué buscando. De momento, este pajarito brincó a otra rama en donde lo pude observar claramente. Entonces este pajarito soltó su llamado que sonaba como águila.

Inmediatamente el Señor me habló al espíritu y me mostró que aunque hablamos como águilas, en realidad muchas veces somos como pequeños pájaros careciendo la habilidad de llegar más allá de donde estamos. Para poder tener la verdadera libertad que tanto deseamos, necesitamos no solo declarar lo que queremos; necesitamos tomar acción. Muchas veces deseamos hacer grandes cosas para el Señor, alcanzar nuestros sueños, y hacer cambios en nuestras vidas. Pero la clave no solo está en declararlo; también es imprescindible caminar la declaración en fe. Necesitamos desarrollar metas y estrategias específicas para poder alcanzar los deseos de nuestro corazón. El águila no solo llama sino también se lanza y vuela hacia la acción.

Trabajando en equipo

El Señor demostró el potencial de trabajar en equipo. Antes de comenzar el ministerio, Su primer paso fue orar a Dios buscando respuesta para escoger a las personas adecuadas. La tarea de Cristo era de transformar el mundo entero por el resto de la historia de la humanidad. No era Su plan hacerlo solo. Jesús preparó y equipó personas para que tomaran las riendas de Su obra y llamado luego que partiera al cielo.

Desde el principio, Dios se dio cuenta que no era bueno que el hombre estuviera solo. Él nos ha programado para que seamos sociables. Juntos podemos multiplicarnos en esfuerzos, alcance y resultados. Jesús no escogió a personas con las mismas cualidades y trasfondos sociales y económicos. El Señor entendió muy bien la ventaja de la diversidad.

Dios es creativo y nos dio a cada uno ciertos talentos y dones especiales para usar en relación con otros. Hasta el llanero solitario no trabajó solo; su asistente fiel le ayudaba en todo. La persona que no le gusta trabajar en equipo no será exitosa ni podrá ser un buen líder. El éxito se consigue cuando nos complementamos, transferimos lo aprendido a otros, y desarrollamos líderes que puedan hacer lo mismo y aún más. Es imprescindible trabajar en equipo, pero recuerda, si eres líder, las personas que escojas para trabajar determinarán el nivel de tu éxito. Ora al Señor para que coloque personas fieles e idóneas en tu vida para así poder alcanzar las generaciones para Cristo.

PREGUNTAS PARA MEDITAR

1. ¿Tienes alguna adicción, mal hábito, o mal comportamiento que quieres dejar? ¿Qué cambios necesitas hacer en tus prioridades para alcanzar tu meta?

2. ¿Has buscado apoyo en personas sabias que te puedan dar buen consejo y motivación?

3. ¿Qué pasos necesitas dar para poder llegar al próximo nivel en el Señor? Enumera los pasos y desarrolla metas para alcanzarlos; anota la cantidad de tiempo que cada paso tomará. No te presiones mucho. Busca ayuda de un líder o persona con experiencia en esa área.

4. ¿Cómo te has sentido cuando alguien te sirve? ¿Alguna vez has sentido el deseo de servir a otros? Si quieres desarrollar tu caminar con Dios, descubre tus talentos y dones, luego habla con tu líder acerca de cómo usarlos para apoyar en el ministerio.

Capítulo 10
Solo la Verdad nos hará libres

Así que si el Hijo os libertare, seréis verdaderamente libres...
Y conoceréis la verdad, y la verdad os hará libres.
—Juan 8:36, 32

La Ley, la Gracia y la Libertad

¿Si somos libres por la gracia de Dios pero sujetos a la ley, cómo podemos disfrutar de la libertad que Él nos promete? La Palabra de Dios es nuestra guía diaria que nos ayuda a entender Su propósito para nuestras vidas y a cómo resolver cualquier problema. Un versículo de la Biblia se debe leer en el contexto del pasaje que está en el contexto del libro, el cual está en contexto con el testamento, el cual está en contexto con toda la Biblia. No hay contradicciones en la Biblia, como algunos sugieren.

En el Salmo 119:160, el salmista nos dice que toda la Palabra de Dios es verdad, justa y eterna. Todo el salmo habla de la ley, los preceptos de Dios, y su importancia para nuestro éxito y sobrevivencia en un mundo lleno de engaño, mentiras, y egocentrismo. Si reunimos a diez personas en un mismo cuarto para discutir un tópico en específico, cada uno de ellos tendrá una opinión o punto de vista diferente. Como cristianos, entendemos que no podemos basar nuestra libertad en nuestro propio comportamiento o ideas, porque vamos a malinterpretar el significado de libertad (Jueces 21:25). Nuestra libertad se encuentra y debe ser basada únicamente en la Palabra de Dios.

Pero ahora estamos libres de la ley, por haber muerto para aquella en que estábamos sujetos, de modo que sirvamos bajo el régimen nuevo del Espíritu y no bajo el régimen viejo de la letra.

—ROMANOS 7:6

Libertad en Cristo no quiere decir libertinaje. Un conductor le podría decir a un oficial de la policía que estaba conduciendo a cien millas por hora porque no quería perderse su programa de televisión favorito, pero esa excusa no sería aceptada. Tenemos que obedecer las leyes de este mundo. Al quebrar las leyes, estamos abriendo puertas al enemigo. No podemos manejar a tan alta velocidad y pedirle a Dios que ciegue los policías y nos proteja. Esto es tentar a Dios y va en contra de Su voluntad (1 Pedro 2:13-17; Romanos 13:1-3, Mateo 4:7). Tenemos que obedecer las autoridades de gobierno pagando nuestros impuestos, registrando nuestros automóviles y pagando el seguro. Hay que darle al César lo que es del César (Mateo 22:21).

Las Escrituras nos dicen que tenemos el libre albedrío de tomar nuestras propias decisiones, pero si somos indiferentes a los principios de Dios, podemos caer en libertinaje. Si la persona no está interesada en los principios de Dios, entonces sus decisiones quizás no estarán de acuerdo con las Escrituras (1 Corintios 10:23). El amor *ágape* está por encima de la ley, y provee la fortaleza, guía y sabiduría para actuar consistentemente con la ley de Dios—no en la letra, pero en el espíritu.

La libertad que Cristo ofrece viene por gracia, pero no es gratis. En obediencia a Su Padre, Jesús pagó el precio en la cruz por toda la humanidad. En el Padre Nuestro, Jesús enseñó a Sus discípulos cómo orar a Dios. En una parte de la oración, pide que se haga Su voluntad (Mateo 6:9-10). Pablo menciona en su carta a la iglesia de Corinto que el viejo pacto no es capaz de darnos el perdón necesario por violar la ley (2 Corintios 3:6). Solo a través de Jesús y el Nuevo Pacto que Él estableció podemos recibir el verdadero perdón. Solo así podremos gozar de la verdadera libertad espiritual aquí en la tierra mientras esperamos por aún mayores cosas las cuales Dios tiene preparadas para nosotros cuando lleguemos a Su presencia (1 Corintios 2:9).

ESCUDRIÑA Y VIVE LA PALABRA

¡Mientras más sucia esté tu Biblia, más limpio estará tu corazón!

¡Mientras más sucia esté tu Biblia, más limpio estará tu corazón! Los discípulos de Cristo continúan en libertad mientras tienen hambre de la Palabra. Dedican tiempo a un devocional diario con Dios. Mientras el Señor revela más de su Palabra y la aplican a sus vidas, encuentran más libertad.

Todos debemos continuar esta trayectoria hasta que alcancemos la estatura de Cristo Jesús (Efesios 4:13). No es suficiente ser conocedores de la Palabra, si todo lo que tenemos es conocimiento, nos engañamos a nosotros mismos (Santiago 1:22-25). El diablo, también, conoce la Palabra muy bien, pero él no la obedece. Necesitamos vivir la verdad para poder ser libres. Las parábolas en Mateo 7 nos dan una indicación de cómo debemos vivir y aplicar la Palabra. Caminando con Dios nos da el deseo de hablar de la Palabra.

Ahora que conocemos de Cristo, es imprescindible que andemos de su mano (Colosenses 2:6). Es un proceso de buscar, recibir, y caminar lo que recibimos de Dios, pero necesitamos tornar al Él, especialmente cuando llega la tribulación o la crisis. Tenemos que ser apasionados por conocer de Dios y todos Sus caminos. Cuando somos libres en la verdad de Cristo, nos convertimos en pacificadores y reconciliadores. No hay lugar para guardar rencor ni retener el perdón. La persona que no es discípulo finalmente termina apartándose de Dios (1 Juan 2:4-6; Juan 6:66-69).

Aunque muchas cosas sean lícitas no todas convienen (1 Corintios 6:12; 10:23). El amor por Cristo y el temor de Dios evita que abusemos la libertad que Dios nos ha dado. Como Pablo dice, la libertad no es una licencia para pecar. Sin la verdad, solo hay manipulación y falta de libertad, porque las mentiras nos separan de Dios, nos trae ataduras y destrucción eterna (Proverbios 12:22, Jeremías 23:32, Juan 8:44-45, Juan 16:13, Apocalipsis 21:8).

FUIMOS CREADOS PARA AGRADAR A DIOS

Por cuanto los designios de la carne son enemistad contra Dios; porque no se sujetan a la ley de Dios, ni tampoco pueden; y los que viven según la carne no pueden agradar a Dios. Mas vosotros no vivís según la carne, sino según el Espíritu, si es que el Espíritu de Dios mora en vosotros. Y si alguno no tiene el Espíritu de Cristo, no es de él.
—ROMANOS 8:7-9

No es fácil ser hijo de Dios. Nuestra lucha no es contra nuestra familia, vecinos, o compañeros de trabajo; ellos simplemente son manipulados por el enemigo debido a la falta de tener una relación con Cristo. Nuestra lucha es contra el diablo y su ejército de demonios dispuestos a vernos derrotados (Efesios 6:12). El camino es estrecho, pero la meta es gloriosa; entonces en el proceso, debemos mantener el gozo de la salvación.

Dejemos que el Señor nos libre de toda atadura. Perdonemos, pidamos perdón, olvidemos el pasado, y amemos incondicionalmente. Es la única manera de ganar la batalla. Es el momento de sacudir toda serpiente y evitar que aten nuestras manos. Las heridas deben ser sanadas, y corazones deben ser guardados (Proverbios 4:23).

El problema no es intelectual, sino moral. La falta de moral, ética, y verdad absoluta que busca la libertad, trae esclavitud. Hemos crecido acostumbrados a cerrar nuestros corazones cuando alguien nos hiere, pero el remedio de Dios es mucho más grande. Tenemos al Espíritu Santo que nos sana y restaura por la sangre preciosa de Cristo.

Si has rechazado a alguien por celos u orgullo, o si has sido rechazado y continúas llevando esa carga, entrégasela a Dios hoy mismo. No esperes a mañana porque quizás mañana nunca llegue. ¡Se libre para que las promesas de Dios en tu vida sean cumplidas!

PREGUNTAS PARA MEDITAR

1. ¿Te sientes libre? Si sientes que todavía estás batallando con algo en tu corazón, busca discernimiento de Dios para que te muestre el área que todavía tu alma no ha querido soltar.

2. Si todavía no lo has hecho, comienza a dedicar tiempo en devocionales diarios. Mientras descubres las áreas que necesitan sanidad, busca pasajes en la Biblia al respecto, medita en esos pasajes, pide al Señor por sanidad, y declara tu libertad.

3. ¿Todavía batallas con el deseo de agradar a otros? Si te concentras en agradar a Dios, podrás conseguir la libertad que buscas.

4. Luego de haber leído este libro, revisa las preguntas de secciones anteriores y piensa si cambiarías algunas de las respuestas.

¡Que Dios te bendiga ricamente!